서술형 논술형 시험 잘 보는 비법

초판 1쇄 발행 | 2006년 1월 26일
초판 2쇄 발행 | 2006년 3월 30일

글쓴이 | 황근기
그린이 | 김수현
펴낸이 | 오세경   편집인 | 이순영
편집책임 | 임지영   디자인 | 하경미
제작책임 | 홍진의   제작진행 | 김종훈
펴낸곳 | (주)계림닷컴
등록 | 제1-2684호(2000.5.22)
주소 | 서울시 종로구 평동 13-68
전화 | 02-739-0121(대표) 팩스 | 02-722-7035
이메일 | edit@kyelimbook.com
홈페이지 | www.kyelimbook.com

ⓒ우리누리, 2005

이 책에 실린 글과 그림의 무단전재나 복제를 금합니다.

서술형 논술형 시험 잘 보는 비법

황근기 글 김수현 그림

www.kyelimbook.com

머리말

　어떤 바보가 죽어서 천국에 갔어요. 바보는 천국의 문을 힘껏 밀었어요. 그런데 이게 웬일일까요? 문은 꼼짝도 하지 않았어요. 바보는 젖 먹던 힘까지 짜내서 다시 한 번 문을 힘껏 밀었어요. 하지만 문은 여전히 꼼짝도 하지 않았지요. 바보는 하는 수 없이 투덜거리며 돌아섰어요.
　"끙, 하는 수 없지. 지옥으로 갈 수밖에."
　천국의 문은 왜 안 열렸을까요? 그 이유는 아주 간단해요. 천국의 문은 앞으로 잡아 당겨야 열리는 문이었어요. 앞으로 잡아 당겨야 하는 문을 계속 밀고 있었으니 문이 열렸겠어요?

　서술형·논술형 공부 비법을 모르고, 서술형·논술형 시험을 보려고 하는 어린이들은 바로 이와 같은 처지에 놓일 수 있어요. 서술형·논술형 문제는 지금까지 여러분이 자주 보던 문제하고는 완전히 달라요. 자기 생각을 써야 하는 문제, 예를 들어 설명해야 하는 문제, 푸는 과정을 적어야 하는 문제 등 문제마다 답을 쓰는 요령도 각 과목마다 제각각이랍니다.
　여러분은 이런 서술형·논술형 문제를 어떻게 풀어야 하는지 잘 알고 있나요? 〈서술형·논술형 시험 잘 보는 비법〉은 여러분의 고민을 깨끗하게 해결해 줄 책이에요. 이 책에서는 국어, 수학, 사회, 과학에서 자주 출제되는 서술형·논술형 문제를 어떻게 풀어야 하는지를 자세히 설명하고 있어요. 또 서술형·논술형 답안지 쓰는 법, 선생님들의 채점 기준 등이 구체적으로 나와 있답니다.

　서술형·논술형 시험을 보기 전에 꼭 한 번 이 책을 읽어 보세요. 물론 이 책에서 소개하고 있는 비법을 알았다고 해서 무조건 시험을 잘 볼 수는 없어요. 비법을 알았으면, 반드시 그 비법을 실천에 옮겨야 한답니다.

황근기

차 례

서술형·논술형 시험에 강해지는 공부 습관

01 게임을 하듯 서술형·논술형 공부를 하자 / 12
02 창의력을 키우는 책 읽기 비법 / 15
03 옳고 그름을 꼬치꼬치 따져라 / 19
04 어떻게 하는 것이 더 옳을까? / 22
05 상식 쑥쑥! 성적 쑥쑥! / 24
06 논술형 시험에 강해지는 책 읽기 비법 / 26
07 사물을 뚫어지게 관찰해라 / 28
08 '정답 찾기 모드'에서 '정답 만들기 모드'로 바꿔라 / 30
09 원인과 결과를 생각해 보는 습관을 길러라 / 32
10 공부 방법을 180도 바꿔라 / 35

국어 서술형·논술형 시험에 강해지는 공부 비법

11 국어 서술형 문제, 너 딱 걸렸어 / 40

12 내용을 짧게 줄이는 문제, 이렇게 풀어라 1 / 42
13 내용을 짧게 줄이는 문제, 이렇게 풀어라 2 / 46
14 미완성 지문 완성하기 문제, 이렇게 풀어라 / 50
15 중심 문장과 뒷받침 문장 사용하여 글 쓰기 / 53
16 생각과 느낌은 꼭 주제와 연관 지어 써라 / 56
17 국어 듣기 서술형 문제, 이렇게 풀어라 / 60
18 글 속에 꼭꼭 숨어 있는 주장과 근거를 찾아라 / 64
19 나무를 보기 전에 숲을 먼저 봐라 / 67
20 자료 활용하여 쓰기 문제, 이렇게 풀어라 / 71

수학 서술형·논술형 시험에 강해지는 공부 비법

21 수학 서술형 문제, 너 딱 걸렸어 / 76
22 알쏭달쏭 수학 문장 문제는 그림으로 그려라 / 78
23 수학 서술형 문제를 쉽게 푸는 비법 / 81
24 문장 속에 꼭꼭 숨어 있는 사칙 연산을 찾아라 / 84
25 명탐정처럼 숨어 있는 수의 규칙을 찾아라 / 86
26 도형은 서로 비교해 가면서 공부해라 / 89
27 답을 푸는 과정은 간단하게 써라 / 94

28 도형의 족보를 따라 거슬러 올라가라 / 96

29 계산식을 만드는 문제, 이렇게 풀어라 / 100

사회 서술형·논술형 시험에 강해지는 공부 비법

30 사회 서술형 문제, 너 딱 걸렸어 / 106

31 고기가 있을 만한 곳에 촘촘한 그물을 던져라 / 108

32 연상 지도를 만들어 보는 습관을 길러라 / 111

33 그래프를 말로 풀어내는 연습을 해라 / 114

34 여러 사회 현상에 대해 호기심과 관심을 가져라 / 117

35 '단원 정리 학습' 속에 사회 서술형 문제가 숨어 있다 / 120

과학 서술형·논술형 시험에 강해지는 공부 비법

36 과학 서술형 문제, 너 딱 걸렸어 / 124

37 분류하는 습관을 들여라 / 126

38 생활 속에서 과학의 원리를 찾아라 / 129

39 실험 결과는 반드시 문장으로 정리해 두어라 / 132

40 그림을 그리면서 과학 공부를 해라 / 135

41 과학 서술형 답은 객관적이고 정확하게 써라 / 138

42 수리수리 마수리! 문장으로 변해라 / 141

서술형·논술형 시험 보기 전에 꼭 알아야 할 글쓰기 비법

43 논술형 공부 습관 / 146
44 서술형·논술형 시험을 잡는 마법의 복습법 / 148
45 서술형·논술형 시험에 강해지는 노트 정리법 / 150
46 이야기를 읽고 교훈을 찾아라 / 152
47 좋은 점과 나쁜 점을 동시에 찾아라 / 154
48 서술형·논술형 실력을 키우는 세 가지 키워드 / 156
49 이런 문장은 절대 금지 / 158
50 이것이 바로 논술에 쓰이는 문장 / 160
51 교과서를 소리 내어 읽어라 / 162
52 서술형·논술형 시험 답안지 쓰는 법 / 165

서술형·논술형
시험에 강해지는

공부습관

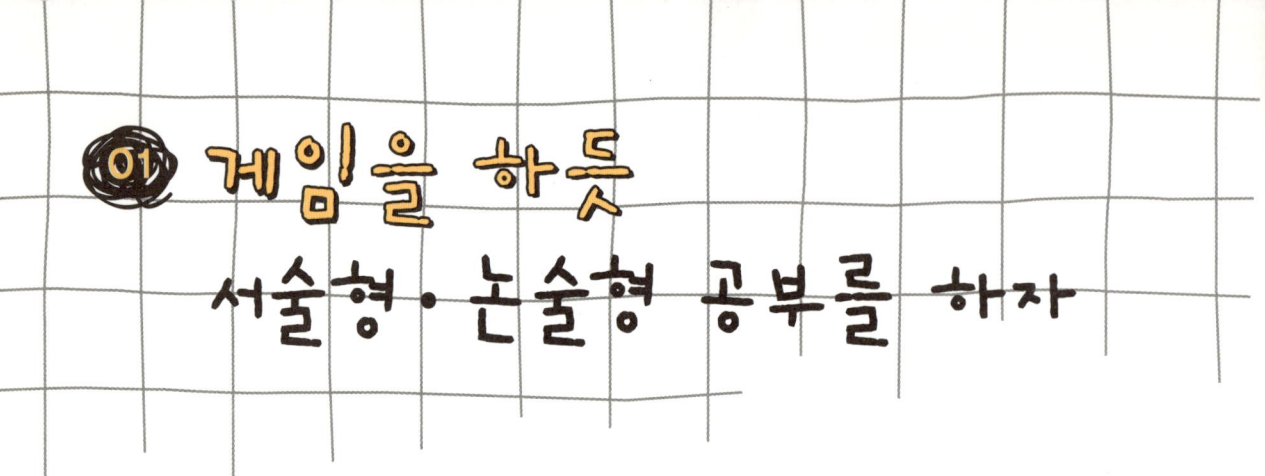

서술형·논술형 시험이라고 해서 어려울 거라고 지레 겁먹을 필요는 없어요. 게임을 하듯 공부를 하면 되니까 말이죠.

카트라이더 게임을 할 때 누구나 한 번쯤 다음과 같은 생각을 해 봤을 거예요.

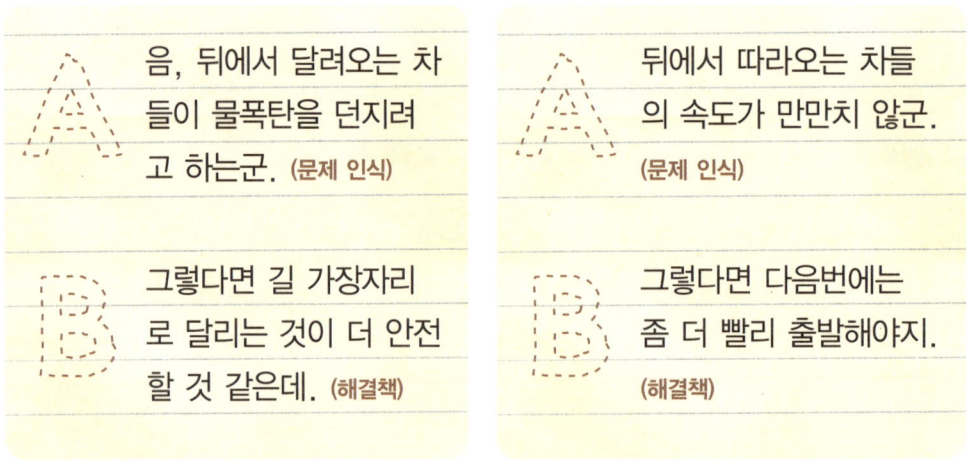

어때요? 게임을 할 때는 이러한 생각들이 머릿속을 휙휙 지나가지 않던가요?

메이플스토리나 스타크래프트 등 다른 게임을 할 때도 다르지 않아요.

게임을 할 때는 순간순간 '이 일이 앞으로 어떻게 될까?', '어떻게 해야 이 위기 상황에서 벗어날 수 있을까?' 등을 논리적으로 따져요. 그리고 항상 무엇이 잘못되었는지 '문제점을 깨닫고', '올바른 해결책'을 찾기 위해 생각을 하게 마련이지요.

물론 이러한 생각은 너무 빠른 속도로 머릿속을 지나가기 때문에 게임을 하고 있는 동안에는 느끼지 못할 수 있어요. 하지만 누구나 게임을 할 때만큼은 이런 논리적인 방식으로 생각을 한답니다.

앞으로는 평소에도 게임을 할 때처럼 논리적으로 생각하는 습관을 들여 보세요. 우리 주변에 일어나는 사건이나 현상을 그냥 보고 넘기지 말고, '이러한 일이 왜 일어났을까?', '앞으로 이 일이 어떻게 될까?' 등을 생각해 보세요.

또 책을 읽을 때도 그냥 아무 생각 없이 읽지 말고, 게임을 할 때처럼 논리적으로 하나하나 따져 가면서 읽어 보세요.

작품 속의 인물이 실패했을 경우, '작품 속의 인물이 왜 실패했을까?' 그 실패의 원인을 따져 볼 수 있을 거예요. '실패하지 않기 위해서는 어떻게 해야 했을까?'를 생각해 볼 수도 있겠지요.

거꾸로 작품 속의 주인공이 성공했을 경우, '성공한 비결은 무엇일까?'를 생각해 볼 수 있지 않겠어요?

이처럼 평소에 문제점을 찾아보고, 그 문제점을 해결하는 방법을 함께 생각해 보는 습관을 기르면 서술형·논술형 시험에 강해질 수밖에 없겠지요.

게임을 할 때처럼만 하면 되니까 그리 어려운 일은 아니겠지요? 문제점을 찾고, 그 해결책을 생각해 보는 습관은 여러분을 분명 서술형·논술형 시험에 강한 어린이로 만들어 줄 겁니다.

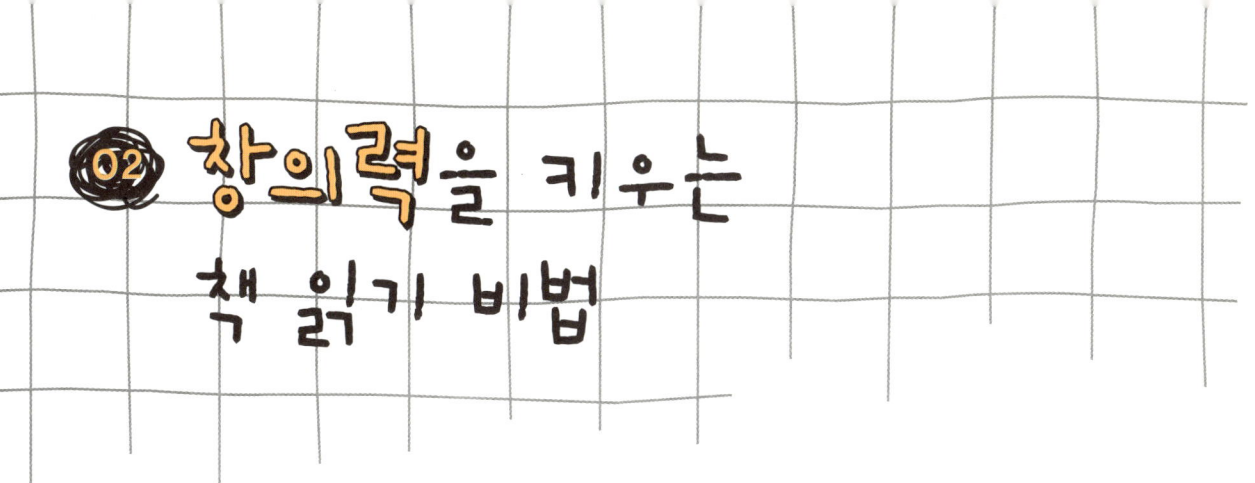

02 창의력을 키우는 책 읽기 비법

　미국의 하이만이라는 소년이 그림을 그리고 있었어요. 그런데 틀린 그림을 지우려고 지우개를 찾을 때마다 지우개가 보이지 않는 거예요.
　"어, 지우개가 어디 있지?"
　하이만은 매번 지우개를 찾느라고 낭비하는 시간이 너무 아까웠어요.
　'무슨 좋은 수가 없을까?'

이렇게 해서 하이만은 지우개가 달린 연필을 특허 신청했어요.
이 작은 아이디어 덕분에 하이만은 큰 부자가 되었어요.
하이만의 발명은 과학적인 원리를 이용한 위대한 발명이 아니었어요. 다만 남들보다 조금 더 창의적으로 생각했을 뿐이지요.
선생님들이 서술형·논술형 답안을 채점할 때 중요한 기준으로 삼는 것 중의 하나가 바로 창의력이에요.

다음 그림과 문제를 보고 답을 해 보세요.

? 문제 : 어린 왕자를 만나려면 어떻게 해야 하는지 쓰시오.

어때요? 좋은 방법이 생각났나요?

'헤헤 이 정도쯤이야.' 하고 쉽게 생각하는 어린이도 있을 것이고, '도저히 생각이 안 나네.' 하고 머리를 감싸는 어린이도 있을 거예요.

창의적인 답을 쓰려면 늘 하던 대로 평범하게만 생각하면 안 돼요. 평소와는 다르게 색다른 방향으로 생각해 봐야 하지요.

거꾸로 생각해 본다거나, 다른 사람의 입장에서 생각해 보는 것도 창의적인 생각을 키울 수 있는 좋은 방법이에요.

하지만 창의적인 생각을 키우는 가장 좋은 방법은 역시 책을 많이 읽는 거예요.

책을 많이 읽을수록 창의력, 상상력 등 서술형·논술형 시험에 필요한 능력이 쑥쑥 자라난답니다.

하지만 아무 생각 없이 무조건 책을 많이 읽는 것은 좋은 독서 방법이 아니에요. 창의력을 키우는 방법을 미리 알고 책을 읽으면 일석이조의 효과를 거둘 수 있지요.

독서를 하면서 창의력을 키우는 방법

- 다음에 어떤 이야기가 나올지 미리 생각하며 읽는다.
- '만약에', '그와 반대로 이야기가 전개되면 어떻게 될까?' 등을 상상해 본다.
- 책 속에 나오는 그림이나 삽화를 보고 알맞은 제목을 정해 본다.
- 책을 다 읽고 난 후에는 등장인물들이 어떻게 됐을지를 상상해 본다.

앞으로는 위와 같은 방법으로 꾸준히 독서를 해 보세요. 그러면 창의력은 물론이고, 서술형·논술형 시험에 강해지기 위해 꼭 필요한 독해 능력도 함께 키울 수 있답니다.

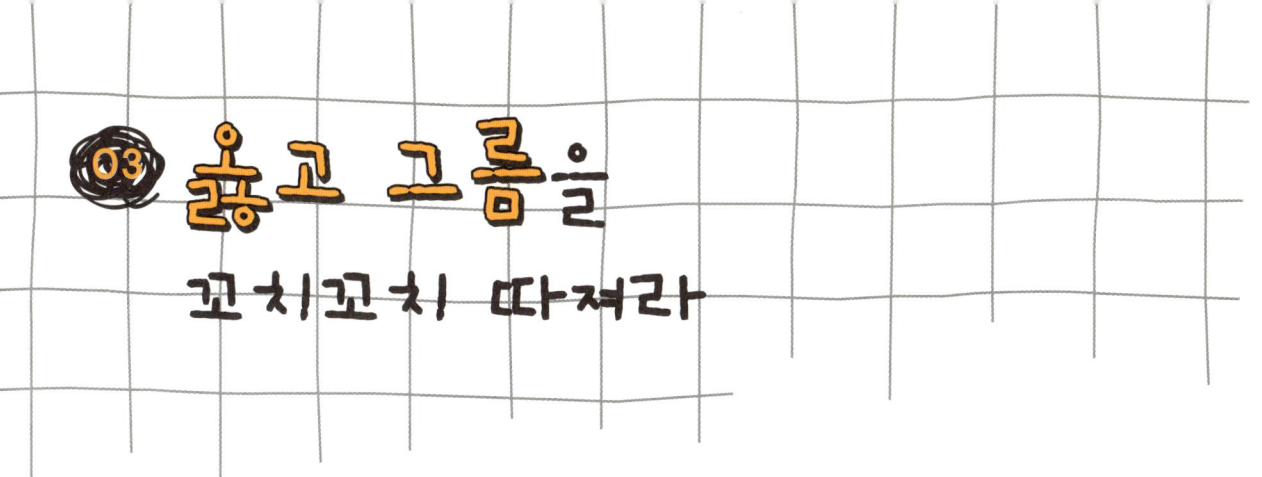

청년 시절 김유신은 천관이라는 기생이 있는 술집에 자주 갔어요. 이 사실을 안 어머니가 하루는 김유신을 불러 크게 꾸중했어요. 김유신은 어머니에게 다시는 천관을 안 만나고 공부를 열심히 하겠다고 맹세했지요.

그러던 어느 날, 김유신은 글공부를 마치고 집으로 돌아가는 길에 너무 피곤하여 그만 말 위에서 꾸벅꾸벅 졸았어요. 말은 늘 그랬듯이 주인을 태우고 천관이 있는 술집 앞에서 걸음을 멈췄지요.

김유신은 눈을 떴을 때 자신이 천관의 술집 앞에 와 있는 것을 알고는 깜짝 놀랐어요.

"네 아무리 짐승이지만, 사내대장부의 의지를 이리도 모른단 말이냐?"

김유신은 말에서 내려 아끼던 말의 목을 사정없이 내리쳤어요.

지금까지 이 이야기의 주제는 '김유신 장군의 굳은 결심'이라고 배웠을 거예요.

그런데 충직한 말의 목을 친 김유신의 행동이 과연 옳은 것이었을까요? 오히려 자신은 죄가 없다는 것을 보여 주기 위한 비겁한 행동은 아니었을까요?

객관식 시험만 볼 때는 이렇게 복잡하게 생각할 필요가 없었어요. 선생님이 가르쳐 준 대로 주어진 답들 중에서 정답을 찾으면 되었지요. 하지만 서술형·논술형 시험을 잘 보려면 ==비판적으로 생각하는 힘을 길러야 해요.==

앞으로는 신문이나 책을 읽을 때 무작정 그 내용을 받아들이지 말고, 스스로 옳고 그름을 따져 보면서 읽으세요.

또 텔레비전에서 광고나 드라마, 오락 프로그램 등을 볼 때 '잘못된 점은 없나?', '이렇게 하면 더 좋지 않을까?' 등을 생각하면서 시청할 수도 있겠지요.

책에 나오는 내용을 외우고, 선생님 말씀만 잘 들으면 시험을 잘 보던 때는 이제 지나갔어요. 책 속의 내용이든 선생님의 말씀이든, 이제부터는 그것이 옳은지 그른지를 생각하면서 그 내용을 익히는 습관을 들여야 한답니다.

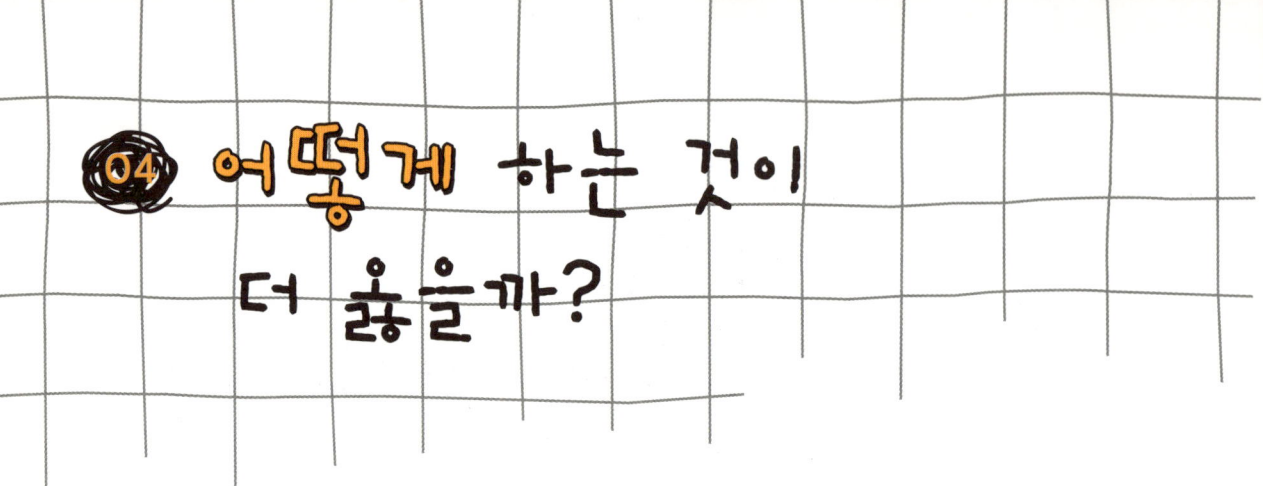

04 어떻게 하는 것이 더 옳을까?

　아버지와 아들이 당나귀를 팔러 시장에 가고 있었어요. 당나귀를 끌고 가는 아버지와 아들을 보고 사람들이 수군거렸어요.
　"쯧쯧, 당나귀를 타고 가지. 뭣 하러 두 사람이 다 걸어가고 있담?"
　이 말을 들은 아버지는 얼른 당나귀 등에 올라탔어요.
　그런데 얼마쯤 가자 사람들이 또 수군거렸어요.
　"쯧쯧, 어린 아들을 걷게 하고 아버지가 편하게 당나귀를 타고 가다니……."
　이 말을 들은 아버지는 얼른 아들을 당나귀 등에 태웠어요. 그러자 사람들이 또 수군거렸어요.
　"쯧쯧, 늙은 아버지를 걷게 하고 어린 자식 놈이 당나귀를 타고 가다니……."
　이 말을 들은 아버지와 아들은 당나귀 다리를 묶어 어깨에 짊어지고 시장으로 향했어요.
　얼마 후 조그만 시내가 나왔어요. 아버지와 아들은 당나귀를 멘 채 시내 위의 다리를 지났지요. 그런데 당나귀가 몸부림을 치는 바람에 아래로 떨어져 물에 떠내려가고 말았답니다.

이 이야기는 한 번쯤 들어 봤지요?

어떻게 하는 것이 옳은 행동인지 스스로 판단하지 못하고, 남이 하는 말에 따라 마음이 바뀌는 사람들을 풍자한 이야기지요.

<mark>서술형·논술형 시험에 강해지려면 스스로 판단할 줄 아는 능력을 길러야 해요.</mark> 서술형·논술형 시험에서는 무엇이 옳고 그른지 스스로 판단을 해서 답을 쓰라는 문제가 자주 출제되기 때문이에요.

예를 들면 논술형 시험에서는 '공부는 왜 꼭 해야 하는 것인가?', '학원과 학교 중 어느 곳이 더 중요한가?' 등의 문제가 출제된답니다.

이러한 문제에 답을 쓰려면 어떻게 공부해야 할까요? 생활 속에서 어떤 문제에 부딪쳤을 때 '이럴 때는 어떻게 하는 것이 더 옳은가?'라는 생각을 자주 해 보세요. '밥을 먹은 다음에 숙제를 할까? 아니면 지금 숙제를 할까?', '게임을 더 할까? 공부를 할까?' 등 스스로 판단을 내려야 하는 일은 얼마든지 있어요.

어떤 판단을 내린 후에는 내 판단이 과연 옳았는지 다시 한 번 생각해 보는 습관을 길러 보세요. 그런 과정을 반복하다 보면 저절로 판단력이 강해진답니다.

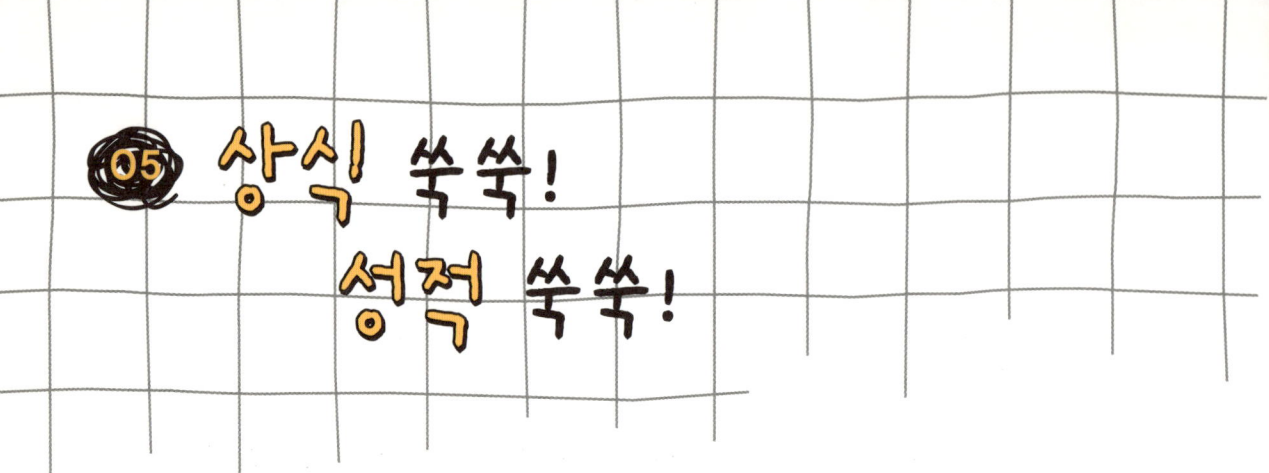

05 상식 쑥쑥! 성적 쑥쑥!

상식이 풍부하면 서술형·논술형 시험을 잘 볼 수 있어요. 그렇다면 상식은 어떻게 쌓으면 되는 걸까요?

▶ **친구들과 함께 공부하는 시간을 많이 갖는다.**

서술형·논술형 시험과 객관식 시험과의 가장 큰 차이점이 뭔지 아세요?

객관식 시험만 볼 때는 '나의 의견'이 필요 없었어요. 그냥 선생님이 가르쳐 주신 대로 정답을 찾아내는 학생이 가장 좋은 성적을 받았지요.

하지만 이제 그런 공부 방법은 별 효과가 없어요. 서술형·논술형 시험에서는 선생님이 가르쳐 주신 내용만 쓰는 게 아니라 '나의 의견'도 함께 서술해야 하기 때문이죠.

그렇기 때문에 친구들과 함께 공부하는 시간을 많이 가져 보라는 거예요.

친구들과 함께 공부하면 다양한 의견을 들을 수 있어요. 반면에 혼자 공부하면 내 생각만 하기 때문에 편견에 빠지기 쉽답니다.

▶ 다른 사람의 말에 귀를 기울인다.

평소에 많은 사람들과 자주 대화를 해 보세요. 그리고 다른 사람의 이야기를 잘 듣는 습관을 길러 보세요. 다른 사람의 생각을 잘 들으면, 내 생각의 폭을 넓힐 수 있어요.

다른 사람의 말에 귀를 기울이는 것은 상식을 풍부하게 하는 가장 손쉬운 방법이랍니다.

▶ 텔레비전 뉴스를 자주 시청한다.

텔레비전도 잘만 이용하면 서술형·논술형 시험을 보는 데 큰 도움이 되어요.

텔레비전 뉴스를 자주 시청해 보세요. 뉴스를 볼 때는 '왜 저런 일이 일어날까?', '더 좋게 해결할 수 있는 방법은 없을까?' 등의 질문을 던지면서 시청하는 게 좋아요. 그러한 질문을 던지면서 뉴스를 보면 상식을 풍부하게 할 수 있는 것은 물론이고 생각의 폭을 넓힐 수 있답니다.

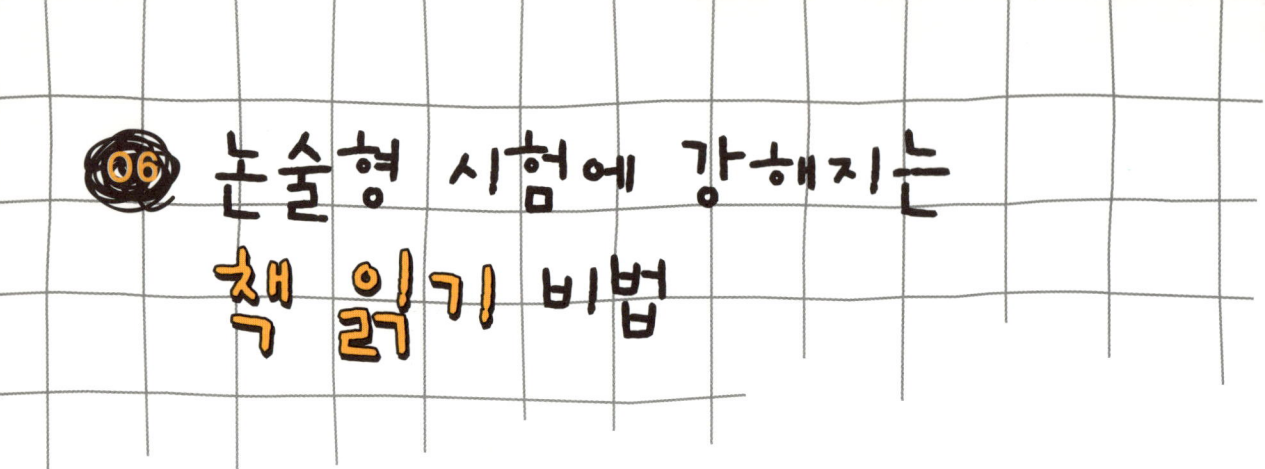

　위대한 철학가이자 작가인 괴테의 어머니는 어린 괴테에게 밤마다 책을 읽어 주었어요. 괴테는 어머니가 읽어 주는 이야기에 귀를 기울였어요. 그런데 이상하게도 괴테의 어머니는 책의 마지막 부분은 읽어 주지 않았어요.
　"얘야, 이 다음 장면은 네가 완성해 보거라."
　이 때문에 괴테는 어머니가 읽어 주는 이야기를 완성하기 위해 늘 생각에 잠겨 있었다고 해요. 한 번은 괴테가 어머니에게 말했어요.
　"어머니가 들려주신 이야기의 결론은 두 가지로 만들 수 있어요. 하나는 왕자가 용을 물리치고 공주를 구하는 것이고, 또 하나는 성에 몰래 들어가 공주를 구하는 것이죠."
　그러자 어머니가 말했어요.
　"옳지, 그렇게 네 마음 가는 대로 이야기를 만들어 보렴. 능동적으로 책을 읽는 습관이 좋은 글을 쓸 수 있는 바탕을 만들어 줄 게다."

　훗날 괴테는 자기가 작가가 된 것은 어머니의 독서 지도법 때문이었다는 말을 자주 했어요.

앞으로는 책을 읽을 때 끝까지 다 읽지 말고, 마지막 부분을 읽기 전에 책을 잠시 덮고 '이 이야기는 과연 어떻게 끝날까?' 하고 생각해 보는 습관을 길러 보세요.

이때 이왕이면 결론을 다양하게 생각해 보는 것이 좋아요.

예를 들어 지금 〈토끼와 거북〉을 읽고 있다고 생각해 보세요. 그럼 마지막 부분을 읽기 전에 잠시 책을 덮는 거예요. 그러고는 다음과 같이 내 나름대로 생각해 보는 것이죠.

'토끼가 잠에서 깨서 다시 거북을 앞지르는 것으로 이야기가 끝이 날까?', '거북이 토끼를 깨워서 공정하게 경주를 하자고 하는 건 아닐까?' 등등 여러 가지 결론을 생각해 볼 수 있을 거예요.

이러한 독서법을 꾸준히 실천하면 상상력과 추리력을 기를 수 있답니다.

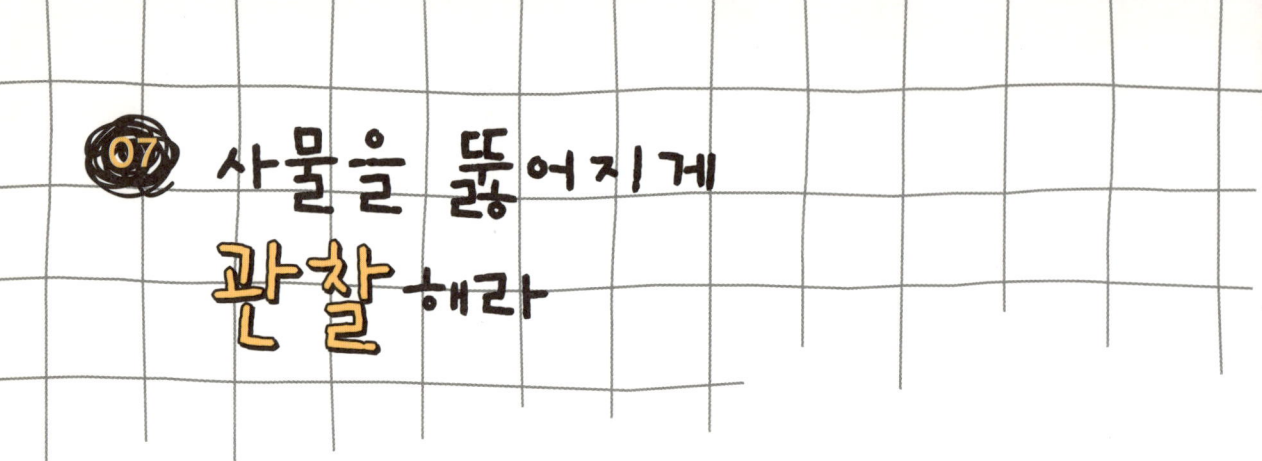

07 사물을 뚫어지게 관찰해라

조셉이라는 목동이 있었어요. 책 읽기를 좋아하는 조셉은 양들이 풀을 뜯는 동안 풀밭에 앉아 책을 읽고는 했어요. 양들이 목장 울타리 밑으로 도망가는 줄도 모르고 책 읽기에 정신이 팔려 있곤 했지요. 어느 날 조셉은 목장 주인에게 몹시 꾸중을 들었어요.

"또 양이 도망가면 그땐 당장 해고야!"

그날 이후 조셉은 양들의 움직임을 잘 관찰했어요. 그러던 어느 날 조셉은 무릎을 탁 쳤어요.

"아하! 양들에게 저런 습성이 있었구나."

조셉은 양들이 장미 울타리 옆으로는 얼씬도 하지 않는다는 사실을 발견했어요.

조셉은 당장 두 가닥의 철사를 꼬아 장미처럼 가시가 달린 철조망을 만들었어요. 그 후 조셉은 자신의 아이디어를 특허청에 제출하여 특허를 받아 큰 성공을 거두었답니다.

이처럼 관찰력이 뛰어나 성공을 거둔 사람들의 예는 무수히 많아요. 〈파브르 곤충기〉를 쓴 곤충학자 파브르나 목욕탕의 물이 밖으로 넘치는 것을 보고 '아르키메데스의 원리'를 발견한 아르키메데스 등이 그런 사람들이지요.

==특히 과학 서술형 시험을 잘 보려면 사물을 주의 깊게 관찰하는 습관을 길러야 해요.==

다음과 같은 문제를 푼다고 생각해 보세요.

문제 : 암탉과 수탉이 어떻게 다른지 아는 대로 써 보시오.

이때 암탉과 수탉의 차이점에 대해 무작정 달달 외우는 것은 좋은 공부 방법이 아니에요.

그렇게 외운 내용은 쉽게 잊어버리게 마련이지요.

하지만 평소에 한 번이라도 암탉과 수탉의 생김새를 자세히 관찰해 봤다면 오랫동안 그 차이점을 기억할 수 있을 거예요.

답 : 암탉은 볏이 작고, 꽁지깃이 짧고, 몸집이 수탉보다 작다. 반면에 수탉은 볏이 크고, 깃털이 아름답고, 몸집은 암탉보다 크다.

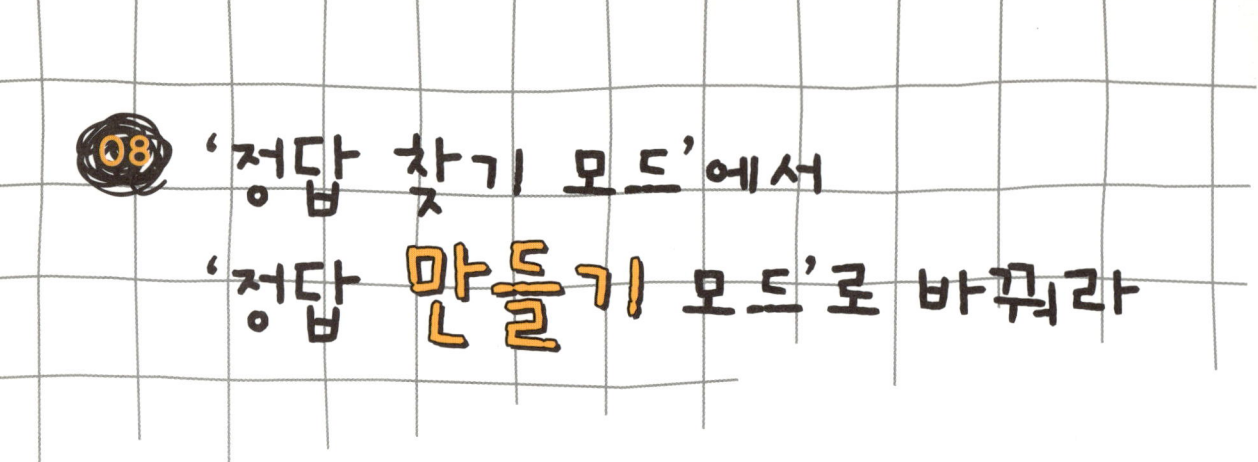

08 '정답 찾기 모드'에서 '정답 만들기 모드'로 바꿔라

지금까지 시험은 한 마디로 '정답 찾기'였다고 할 수 있어요. 선생님이 숨겨 놓은 정답을 누가 가장 잘 찾는지를 테스트한 시험이었지요.

이런 수업 방법 때문에 그동안에는 정답을 가장 잘 찾는 학생이 우등생이 되었지요. 하지만 이제는 정답을 잘 찾는 학생이 꼭 우등생이 되라는 법은 없어요.

　서술형·논술형 시험은 '정답 만들기' 시험이라고 할 수 있어요. 물론 서술형·논술형 시험에도 정해진 정답은 있어요. 그러나 답이 딱 한 가지로 정해져 있는 문제보다, 여러 가지로 답할 수 있는 문제가 많이 출제되고 있답니다.

　이제부터는 '꼭 이것만이 답이다.'라는 고정관념은 버려야 해요. 예전처럼 미리 정해져 있는 답을 찾으려고만 하면 서술형·논술형 시험에 적응할 수가 없어요. 그보다는 '왜 그런 답이 나왔을까?', '더 좋은 답은 없을까?' 등을 스스로 생각하면서 공부해 보세요.

　서술형·논술형 시험을 보기 전에 무엇보다 먼저 해야 할 일은 머릿속을 '정답 찾기 모드'에서 '정답 만들기 모드'로 바꾸는 거랍니다.

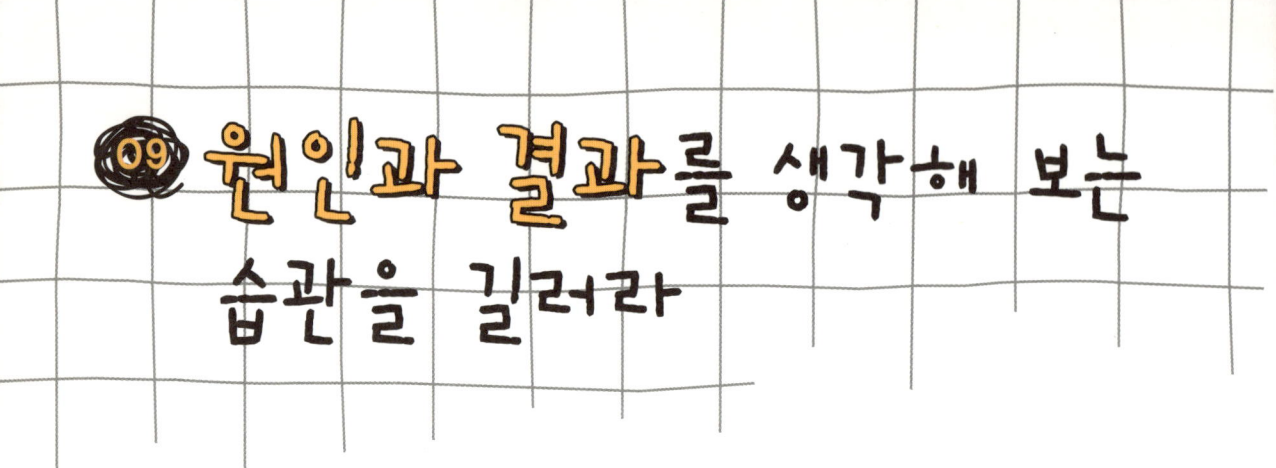

한 나그네가 길을 가다 길에서 놀고 있는 소년에게 물었어요.
"애야, 여기서 올림포스 산까지 가려면 얼마나 더 걸리느냐?"
"일단 걸어가 보세요."
"걸어가 보라니? 장난치지 말고 올림포스 산까지 가는 데 시간이 얼마나 걸리는지 좀 알려 주려무나."
"글쎄, 일단 걸어가 보시라니까요."
"뭐야, 이 녀석이 어른을 놀리나?"
나그네는 지팡이를 휘두르며 펄쩍펄쩍 뛰었어요.
"아저씨, 일단 걸어가 보시라니까 왜 그러세요? 아저씨가 얼마나 빨리 걸으시는지를 알아야 제가 올림포스 산까지 가는 시간을 알려 드릴 수 있지요."
소년의 말을 듣고서야 나그네는 슬며시 지팡이를 내리고 고개를 끄덕였어요.
"아, 정말 현명한 아이로구나. 네 이름이 뭐냐?"
"이솝이에요."

이 이야기는 이솝이 어렸을 때의 이야기예요.

나그네는 왜 이솝의 말에 아무 말도 못 하고 말았을까요?

바로 이솝의 논리적인 말 때문이에요. 이솝은 "일단 걸어가 보세요."라는 자기의 주장이 왜 옳은지 아주 논리적으로 말하고 있어요.

==논리적으로 생각하는 힘은 서술형·논술형 시험을 보는 데 꼭 필요해요.== 그러면 어떻게 해야 논리적으로 생각하는 힘을 기를 수 있을까요?

눈에 보이는 모든 현상에 대해 왜 그러한 일들이 일어났는지 그 원인과 결과를 따져 보는 습관을 길러 보세요.

'왕따 현상은 왜 생겨났을까?', '왜 자꾸 성적이 떨어질까?', '왜 인구가 점점 줄어들까?' 등등 우리 주변에서 일어나는 여러 현상에 대해 그 원인과 결과를 생각해 보는 거예요. 그렇게 하다 보면 나도 모르는 사이에 논리적으로 생각하는 힘이 쑥쑥 자라날 겁니다.

10 공부 방법을 180도 바꿔라

"이번 시험에는 '김치 담그는 법'에 대한 문제를 내겠다."

선생님이 학생들에게 시험 문제를 미리 말해 주었어요. 지우는 집으로 돌아오자마자 김치 담그는 법을 열심히 외웠어요.

"배추를 씻는다. 배추를 소금에 절여 둔다. 절인 배추를……."

한참 동안 김치 담그는 법을 중얼중얼 외우고 있던 지우가 두 손으로 머리를 감쌌어요. 그러자 옆에서 보고 있던 엄마가 지우에게 말했어요.

"지우야, 그러지 말고 엄마랑 함께 김치를 직접 담가 보자."

다음 날, 학교에서 돌아온 지우가 말했어요.

"엄마, 나 오늘 서술형 시험 잘 봤어요. 시험 문제는 '어떻게 하면 맛있는 김치를 담글 수 있을까?'였는데, 그 문제에 대해 제대로 답을 쓴 애는 저 혼자뿐이에요. 엄마랑 직접 김치를 담가 보지 않았다면 아마 저도 답을 쓸 수 없었을 거예요."

이 이야기는 객관식 시험이 서술형·논술형 시험으로 바뀌고 난 후 있었던 이야기예요.

공부하는 방법에는 여러 가지가 있어요.

그중에는 '배추를 씻는다. 배추를 소금에 절여 둔다. 절인 배추를…….' 식으로 무조건 외우는 '암기식 공부 방법'과, 김치를 직접 담가 보고 맛있는 김치 담그는 법을 깨닫는 '문제 해결식 공부 방법'이 있지요.

암기식 공부 방법은 시험 문제에 나올 만한 내용을 뽑아서 달달 외우는 방식이에요. '임진왜란 당시 배의 이름은 무엇인가?', '임진왜란은 몇 년도에 일어났는가?' 식으로 말이지요.

하지만 이제 이런 공부 방법만으로는 좋은 결과를 기대할 수 없어요. ==서술형·논술형 시험을 잘 보려면 공부 방법부터 확 바꿔야 해요.==

서술형·논술형 시험에 대비한 3단계 공부법

교과서 내용을 보고 원리, 상황, 문제점 등을 이해하려고 노력한다.

스스로 생각하고 탐구하며 공부한다.

공부한 내용에 대해 내 생각을 문장으로 정리해 본다.

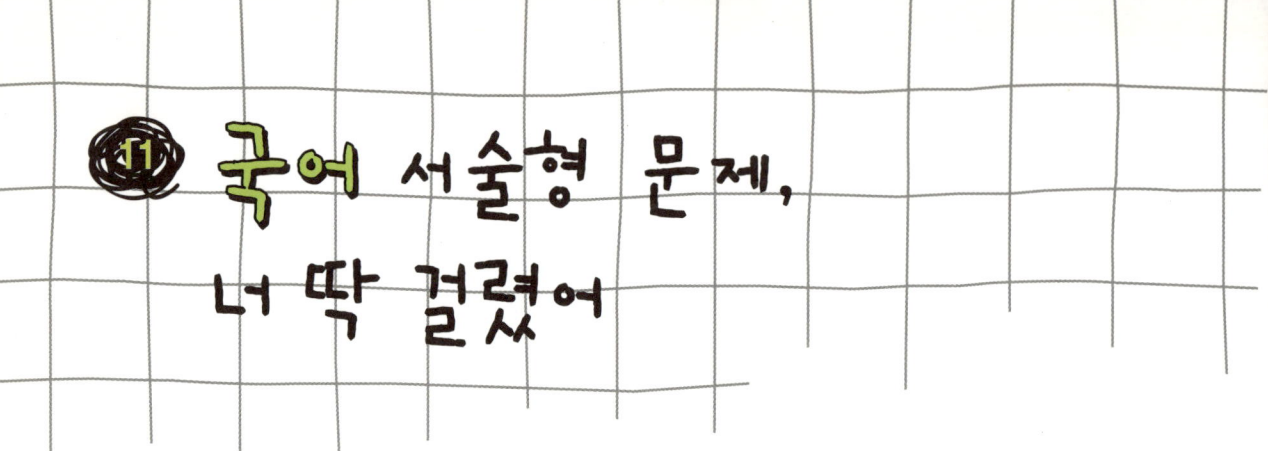

11 국어 서술형 문제, 너 딱 걸렸어

국어는 서술형·논술형 문제를 내기에 가장 알맞은 과목이기 때문에, 다른 과목에 비해 매우 다양한 유형의 서술형·논술형 문제가 출제되고 있어요.

이처럼 다양한 유형의 국어 서술형 문제를 풀려면 어떻게 공부해야 할까요?

<mark>가장 효과적인 방법은 각 단원의 '학습 목표'를 중심으로 공부하는 거예요.</mark>

예를 들어 국어 4학년 2학기 첫째 마당 '2. 함께 의논하기'의 학습 목표는 다음 세 가지예요.

> ▶ 토론을 하면 어떤 점이 좋은지 알아본다.
> ▶ 친구들과 토론하고 싶은 이야깃거리를 정하여 토론을 하여 본다.
> ▶ 토론을 할 때에 지켜야 할 규칙을 정하고, 타당한 이유를 들어 가며 토론을 하여 본다.

객관식 시험만 볼 때는 이러한 학습 목표를 눈여겨본 적이 없을 거예요. 객관식 시험에는 학습 목표가 시험 문제로 출제되는 경우는 적었기 때문이지요.

하지만 국어 서술형·논술형 시험에서는 학습 목표가 직접 시험 문제로 출제될 가능성이 매우 높아요.

예를 들어 다음과 같이 학습 목표를 응용한 서술형 문제를 낼 수 있어요.

'경험한 사실을 바탕으로 토론을 하면 어떤 점이 좋은지 간단하게 쓰시오.'

학생들마다 조금씩 차이가 있겠지만 다음과 같은 답을 쓸 수 있을 거예요.

'인터넷 사이트에서 친구들과 함께 '즉석 식품'에 대해 토론한 적이 있다. 토론을 하는 과정을 통해 좀 더 좋은 생각을 이끌어 낼 수 있었고, 생각을 넓힐 수 있어 좋았다.'

앞으로 국어 서술형·논술형 공부를 할 때는 꼭 각 단원의 학습 목표를 읽어 보세요. 그리고 예상 답을 미리 문장으로 써 보는 습관을 들여 보세요. 이것이 바로 국어 서술형 시험을 대비하는 가장 효과적인 방법이랍니다.

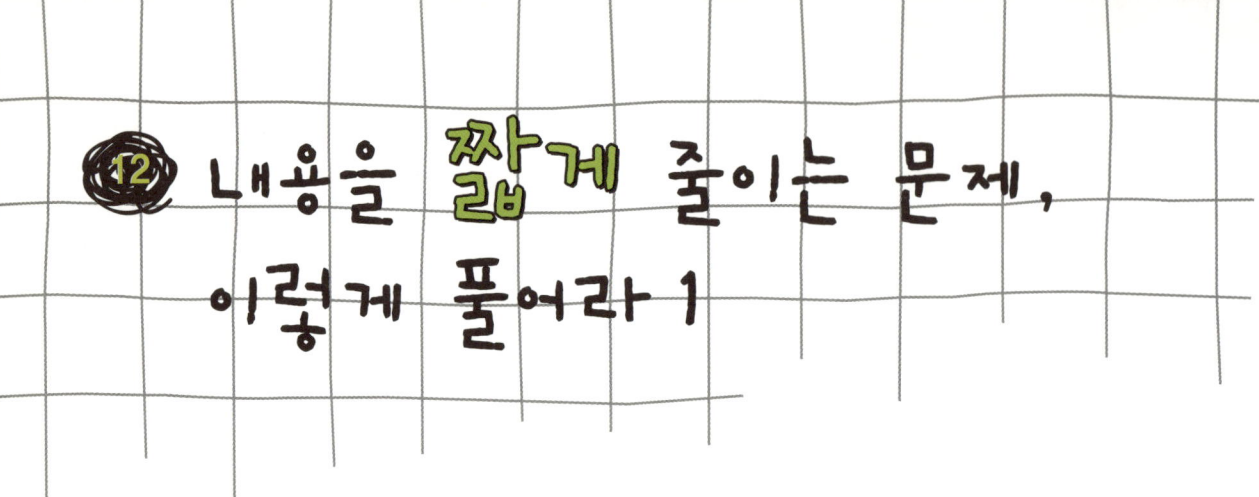

12 내용을 짧게 줄이는 문제, 이렇게 풀어라 1

'다음 내용을 짧게 줄이시오.'라는 문제를 아주 쉬운 문제라고 생각하는 어린이들이 꽤 있어요. '그냥 짧게만 줄여 쓰면 되는 거 아닌가요?' 하고 쉽게 생각하지요.

하지만 이런 유형의 서술형 문제가 의외로 까다로워요.

'주장하는 글'이나 '설명하는 글', '산문' 등 글의 종류에 따라 내용을 줄이는 방법이 모두 다르기 때문이죠.

〈독도는 우리 땅!〉이라는 제목의 '주장하는 글'을 예를 들어 볼게요.

독도는 우리 땅!

Ⓐ '울릉도 동남쪽 뱃길따라 200리 외로운 섬 하나……' 요즘 정광태의 '독도는 우리땅'이라는 노래가 사람들 입에 자주 오르내리고 있다. 일본 사람들이 '다케시마의 날'을 만들고 독도가 자기들 땅이라고 우기고 있기 때문이다. 1948년에 건국하자마자 우리나라는 독도는 한국 땅이라고 선포하였다. 그때 일본은 한 마디도 하지 못하였다. Ⓑ 그런데 이제 와서 독도가 자기들 땅이라고 주장하고 있다. '1905년에 독도를 다케시마라고 이름하여 일본령으로 선포하였던 적도 있다.'라고 터무니없는 주장을 하는 일본인들도 있다. 하지만 이는 일본이 우리나라에 을사조약을 강요하여 불법적으로 우리의 외교권을 빼앗아 갔을 때의 이야기다. Ⓒ 그들은 이렇게 역사적 사실에 눈을 감고, 정당한 주장에 귀를 막고 있다. 그러나 그들이 귀를 막는다고, 온 세계 사람들이 지켜보고 있는데, 독도가 일본 땅이 될 수 있을까?

이러한 글을 짧게 줄이는 문제를 풀 때는 다음 네 가지를 꼭 알고 있어야 해요.

▶ **가장 먼저 중요하다고 생각되는 내용에 밑줄을 긋는다.**

밑줄 그은 내용만 모아 짧게 요약하는 것이 이런 유형의 문제를 푸는 방법이에요.

▶ **따옴표 안에 있는 문장이나 예를 든 부분은 버린다.**

Ⓐ부분이 바로 그런 부분이에요. 이 내용은 핵심 내용이 아니기 때문에 과감하게 버리는 것이 좋아요.

▶ **누군가의 말을 인용한 부분은 버리거나, 다른 문장 속에 녹여 한 문장으로 만든다.**

Ⓑ는 '1905년에 독도를 일본령으로 선포하였던 적이 있다 하여 독도가 자기들 땅이라고 주장하는 일본인들도 있다.'라고 한 문장으로 만들 수 있겠지요.

▶ **비유가 쓰인 문장은 버리거나, 직설적인 문장으로 바꾼다.**

Ⓒ는 비유가 사용된 문장이에요. '눈을 감는다', '귀를 막는다'라는 표현 등이 그렇지요. 이런 문장은 '일본인들이 이러한 역사적 사실을 외면한다고 해서 독도가 일본 땅이 될 수는 없다.'라고 간단하게 줄일 수 있어요.

이 네 가지 방법을 생각하면서 〈독도는 우리 땅!〉이라는 제목의 글을 반으로 줄이면 다음과 같이 줄일 수 있어요.

답 : 최근 일본이 '다케시마의 날'을 만들어 독도를 자기들 땅이라고 우기고 있어 큰 문제가 되고 있다. 1905년에 독도를 일본령으로 선포한 적이 있다 하여 독도가 자기들 땅이라고 주장하는 일본인

들도 있다. 하지만 이는 우리가 주권을 빼앗겼을 때의 일이고, 1948년 건국하자마자 우리는 독도가 한국 땅임을 선포하였다. 일본인들이 이러한 역사적 사실을 외면한다고 해서 독도가 일본 땅이 될 수는 없다.

'내용을 짧게 줄이는 문제'를 잘 풀려면 교과서 한 쪽의 내용을 '200자 ➡ 100자 ➡ 50자'로 줄여 보는 연습을 많이 해 보는 게 가장 효과적이랍니다.

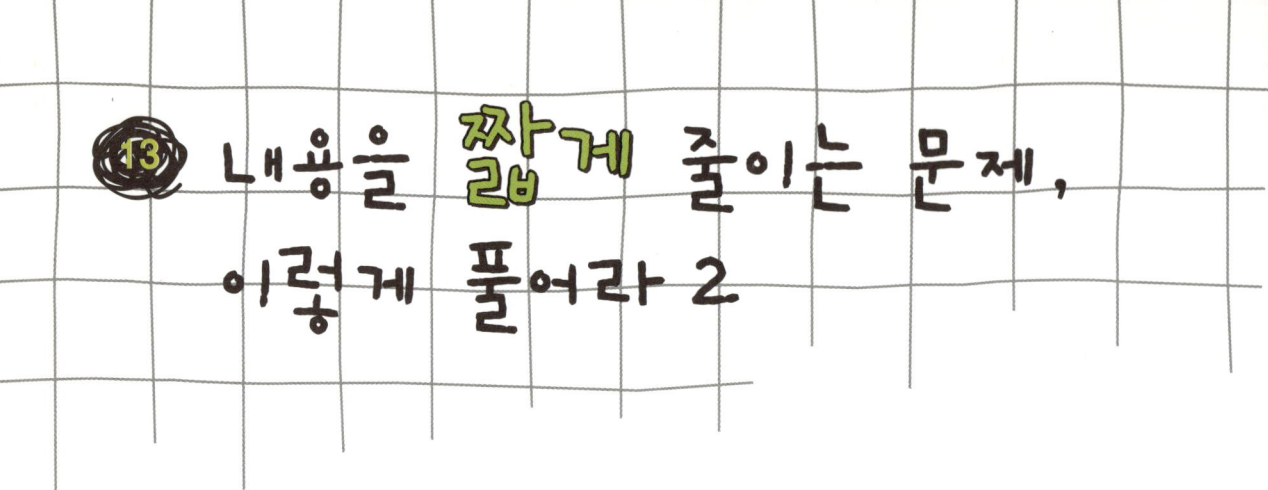

13 내용을 짧게 줄이는 문제, 이렇게 풀어라 2

　소설, 수필 등의 '산문'을 짧게 줄이는 문제를 푸는 방법은 '주장하는 글'이나 '설명하는 글'의 경우와 달라요. 또 어떤 스타일의 산문이냐에 따라 그 내용을 줄이는 방법도 각기 다르지요.
　예를 들어 국어 시험에 다음과 같은 논술형 문제가 출제되었다고 생각해 보세요.

문제 : 다음은 〈피리 부는 사나이〉라는 이야기입니다. 이 이야기를 100~150자 내외로 줄여 보시오. (심화형)

피리 부는 사나이

독일의 어느 작은 마을에 쥐 떼가 나타났어요. 마을은 쥐로 가득하였지요.

A "으악, 쥐들이 우리 아침밥을 모두 먹어 버렸어요!"
"엄마야, 옷장에 쥐가……!"

마을 사람들은 쥐를 없애려고 온갖 방법을 다 써 보았지만, 쥐들은 더 늘어날 뿐이었어요. 그러던 어느 날, B 한 사나이가 신기한 피리를 불며 마을에 나타났어요. 사나이가 부는 피리는 마음을 움직이게 하는 큰 힘을 가지고 있었어요. 마을 사람들은 그에게 쥐를 없애 달라고 부탁했어요. 그러면 큰돈을 주겠다고 약속도 하였지요.

사나이는 피리를 불어 쥐 떼를 강물로 꾀어 내었어요. 그러자 그 많던 쥐들이 모두 강물 속으로 사라졌어요. 그리고 마을에는 다시 평화가 찾아왔지요. 그런데 마을 사람들은 사나이에게 한 약속을 지키지 않았어요. 마을 사람들이 약속을 지키지 않자, 사나이는 몹시 화가 났어요.

화가 난 사나이가 또다시 피리를 불기 시작했어요. 마을의 모든 어린이들이 그 아름다운 소리를 따라 걷기 시작하였어요. 순식간에 마을의 모든 어린이들이 사나이의 아름다운 피리 소리를 따라 어디론가 사라져 버렸지요.

마을에는 더 큰 슬픔이 찾아왔어요. 그것은 사람들이 약속을 지키지 않은 결과였어요.

이런 산문을 짧게 줄일 때는 일단 이야기가 ① '원인과 결과에 따라' 진행되는지, ② '일이 일어난 차례에 따라' 진행되는지, 아니면 ③ '장소의 바뀜에 따라' 이야기가 진행되는지를 먼저 살펴야 해요.

　예를 들어 '장소의 바뀜에 따라 진행되는 이야기'라면, 장소에서 일어난 일을 중심으로 요약해야 해요.

　또 '일이 일어나는 차례에 따라 진행되는 이야기'라면 차례를 중심으로 이야기를 요약해야 하지요.

　〈피리 부는 사나이〉는 '원인과 결과에 따라 진행되는 이야기'예요. 때문에 다음과 같이 원인과 결과를 중심으로 요약할 수 있어요.

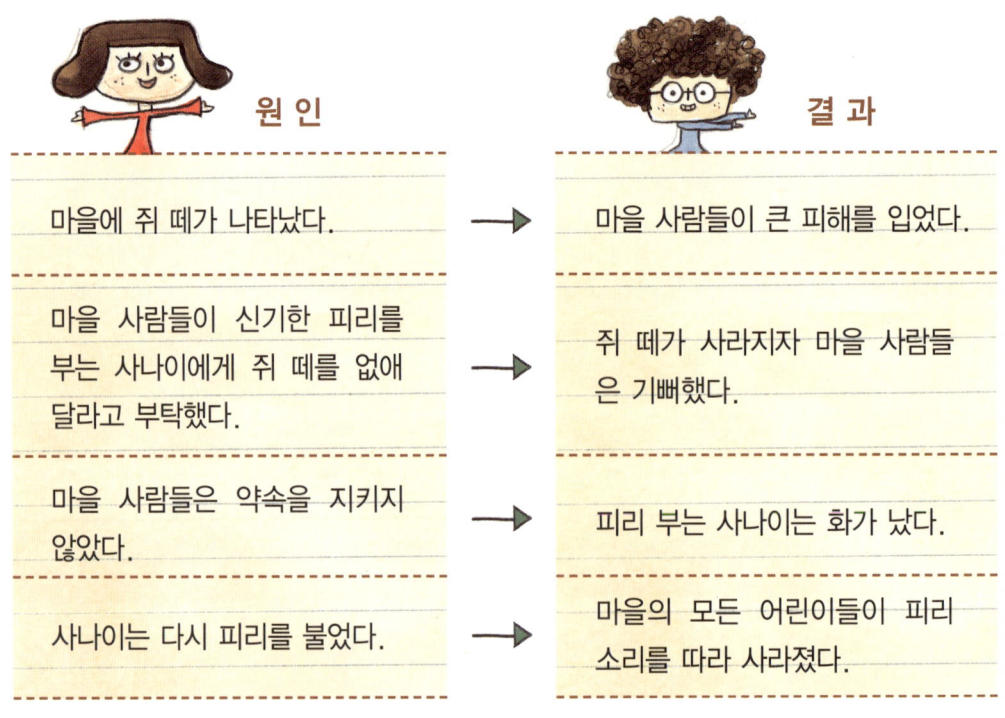

어때요? 이제 〈피리 부는 사나이〉 이야기를 짧게 줄이는 것은 시간 문제겠지요?

답 : 어느 날 마을에 쥐 떼가 나타나 마을에 큰 피해를 입혔다. 마을 사람들은 신기한 피리를 부는 사나이에게 피리를 불어 쥐를 없애면 큰돈을 주겠다고 약속했다. 사나이가 피리를 불었더니 쥐들이 모두 강물 속으로 뛰어들어 사라졌다. 마을 사람들은 몹시 기뻐하였다. 그러나 마을 사람들은 약속한 돈을 주지 않았다. 그러자 사나이는 다시 피리를 불었고, 마을의 모든 어린이들이 피리 소리를 따라 사라졌다.

글을 다 줄인 후에는 다음 네 가지를 꼭 확인해 보세요. '내용을 짧게 줄이는 문제'를 채점할 때 선생님들은 다음 네 가지를 채점 기준으로 삼는답니다.

- ▶ 분량에 맞게 줄였나?
- ▶ 중요한 내용이 모두 들어갔나?
- ▶ 불필요한 내용을 쓰지 않았나?
- ▶ 글을 쓴 학생의 생각이 들어가지는 않았나?

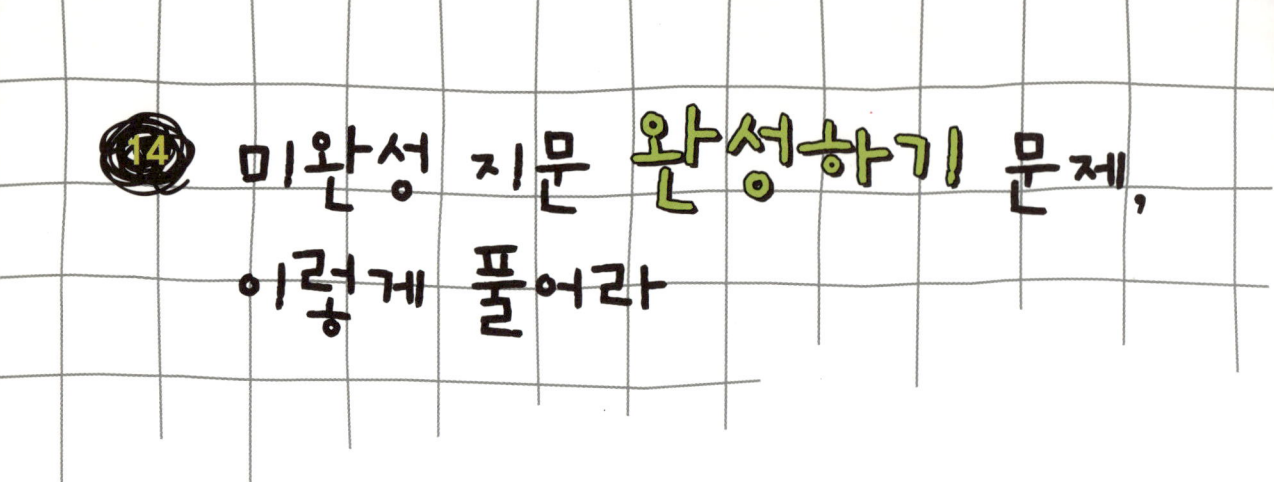

14 미완성 지문 완성하기 문제, 이렇게 풀어라

　최선을 다해 열심히 공부하면 서술형·논술형 시험을 잘 볼 수 있을까요?

　객관식 시험을 볼 때는 열심히 공부하면 어느 정도 좋은 점수를 받을 수 있었어요. 하지만 서술형·논술형 시험은 그렇지 않답니다. 문제 유형에 따라 글을 쓰는 방법을 모르면 아무리 열심히 공부해도 좋은 점수를 받을 수 없지요.

　"상대를 알고 싸우면 백전백승이다."라는 옛말이 있어요.

서술형·논술형 시험을 잘 보려면 먼저 출제 유형에 익숙해져야 해요. 그런 다음 유형에 맞게 알맞은 답을 쓰는 연습을 꾸준히 해야 좋은 점수를 받을 수 있지요.

자, 그렇다면 '미완성 지문을 완성하는 문제'는 어떻게 풀어야 할까요?

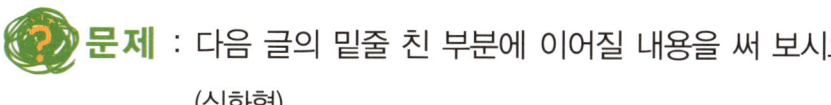 : 다음 글의 밑줄 친 부분에 이어질 내용을 써 보시오.
(심화형)

모양을 내려다 창피를 당한 까마귀

제우스 신이 가장 아름다운 새를 새들의 왕으로 뽑겠다고 했습니다. 그 소식을 들은 새들은 냇가에 가서 깃털을 씻고 부리를 다듬느라 바빴습니다. 그런데 까마귀는 들과 숲을 돌아다니며 다른 새들의 깃털을 주워 모았습니다. 까마귀는 새까만 자신의 몸을 숨기려고 주워 온 여러 가지 색깔의 깃털을 까만 깃털 사이사이에 꽂았습니다.

약속된 날이 되어 새들이 모두 모였습니다. ----------

이런 유형의 서술형·논술형 문제를 풀 때는 다음 세 가지를 꼭 기억해야 해요.

▶ 이미 보여 준 내용 속에 반드시 힌트가 숨어 있다.

앞의 지문 중에 '모양을 내려다 창피를 당한 까마귀'라는 제목을 보세요. 제목을 보면 앞으로 이야기가 어떻게 진행될지를 추측해 볼 수 있겠지요?

▶ 연결되는 내용이 자연스러우면서도 흥미로워야 한다.

위의 내용을 흥미롭게 쓰려면 일단 까마귀가 왕으로 뽑히려고 하는 장면으로 연결되는 게 좋아요. 까마귀가 왕으로 뽑히려고 하는 바로 그 순간 다른 새들이 까마귀의 깃털을 뽑아 가고, 그 바람에 까마귀는 제 모습을 드러내는 것으로 결론을 맺는 것이 좋죠.

▶ 이야기의 흐름과 관련 없는 글을 쓰면 안 된다.

간혹 좀 더 좋은 점수를 받으려고 내용과 관련도 없는 글을 억지로 길게 쓰는 어린이들이 있어요. 이야기를 이어 쓰는 문제를 풀 때는 지문에 나온 내용과 관련 없는 글은 절대 쓰지 말아야 합니다.

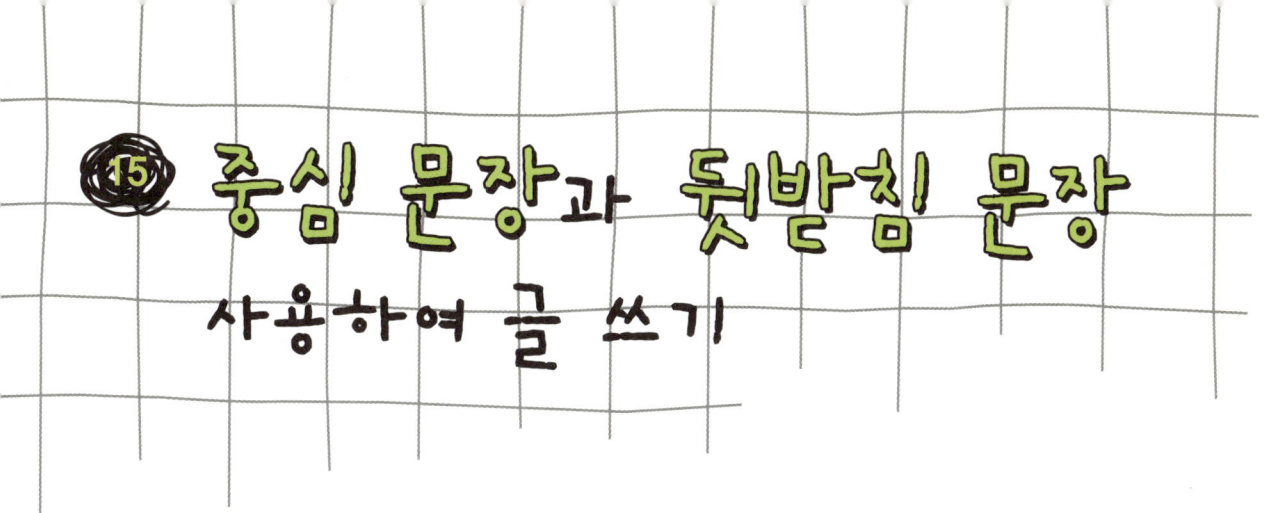

15 중심 문장과 뒷받침 문장 사용하여 글 쓰기

한 문단에는 대개 중요한 문장이 있고, 그 중요한 문장을 보조해 주는 문장이 여러 개 있게 마련이에요.

문단에서 가장 중요한 문장을 '중심 문장', 중심 문장을 보조해 주는 문장을 '뒷받침 문장'이라고 부르지요.

중심 문장과 뒷받침 문장을 사용하여 글을 쓰라는 문제는 가장 자주 출제되는 국어 서술형·논술형 문제랍니다.

문제 : 다음 주제 중 한 가지를 선택하여, 중심 문장과 뒷받침 문장을 사용하여 짜임새 있는 글을 써 보시오. (기본형)

1 얼짱, 몸짱에 대한 나의 생각
2 인터넷에서 만나는 친구도 진짜 친구일까?
3 선생님이 정해 주는 자리에 앉는 것에 대한 나의 생각

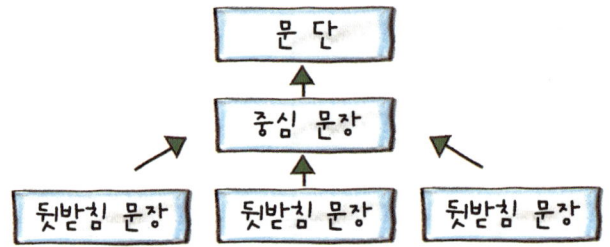

이런 문제를 풀 때 아무 생각 없이 무작정 답을 쓰기 시작하면 짜임새 있는 글을 쓰기 힘들답니다. 다음과 같은 순서에 따라서 쓰세요.

중심 문장과 뒷받침 문장 사용하여 글 쓰는 순서

- ▶ 내가 가장 잘 알고 있는 주제를 택한다.
  주어진 여러 주제 중에서 평소에 관심을 가지고 있었던 주제를 택하는 것이 좋아요.

- ▶ 선택한 주제에 대해 찬성할지, 반대할지를 확실하게 정한다.

▶ 찬성하면 왜 찬성하는지, 반대하면 왜 반대하는지에 대한 근거를 서너 개쯤 생각해 본다.

▶ 결론을 어떻게 끝맺을지까지 생각해 본 후에 답을 쓴다.

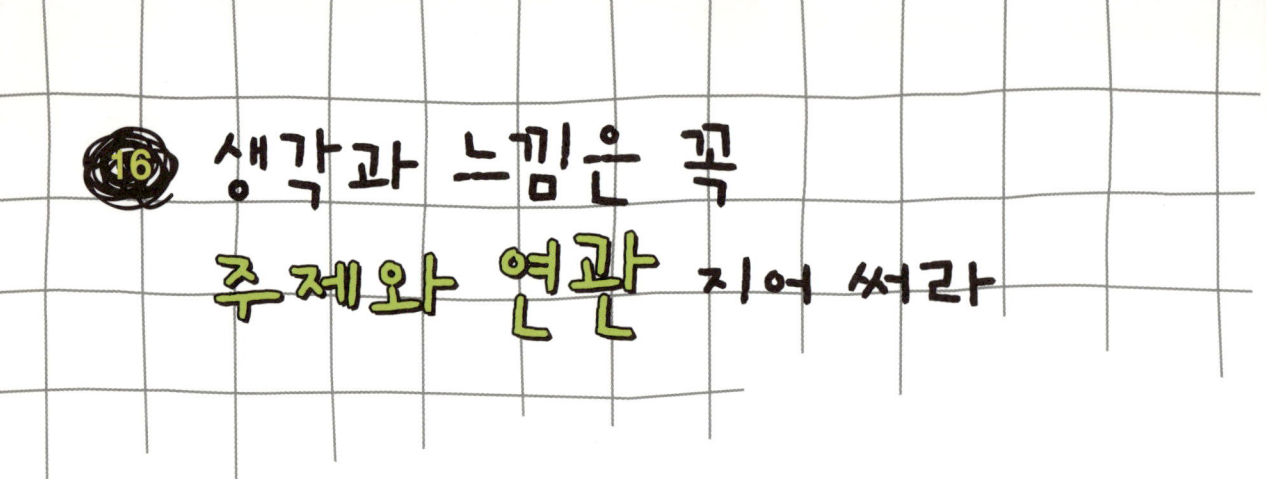

16 생각과 느낌은 꼭 주제와 연관 지어 써라

  국어 서술형 문제 중에는 '내 생각이나 느낌을 써 보시오.' 라는 문제가 있어요.
  이런 국어 서술형 문제를 본 어린이들은 대부분 이렇게 말해요.
  "내 생각이나 느낌을 쓰라고? 에이, 이런 문제는 너무 쉽다."
  딱히 어떻게 쓰라는 조건이 붙어 있는 것도 아니고, 그냥 내 생각이나 느낌을 말해 보라고 했기 때문이지요.
  다음 문제를 보세요.

문제 : 다음 이야기를 읽고, 생각이나 느낌을 말하여 보시오.
(심화형)

금을 버린 형과 아우

옛날 어느 마을에 의좋은 형제가 살고 있었습니다. 어느 날, 아우가 강바닥에서 번쩍번쩍 빛나는 금덩이 두 개를 발견했습니다. 아우는 금덩이를 얼른 건져 냈습니다. 그리고 그중에서 한 개를 형에게 주었습니다.

그런데 다리를 어느 정도 건넜을 때, 갑자기 아우가 금덩이를 강물에 던져 버렸습니다. 형은 깜짝 놀라 그 까닭을 물었습니다.

"저는 평소에 형님을 사랑하고 아끼는 마음이 매우 두터웠습니다. 그런데 지금 금덩이 하나를 형님께 드리고 나니 자꾸 형님을 미워하는 마음이 생기지 않겠어요?"

이 말을 듣고 형도 가지고 있던 금덩이를 꺼내어 강물에 던져 버렸습니다.

① 만약에 형제가 금덩이를 하나만 주웠다면 어떻게 하였을지 쓰시오.
② 형과 아우가 금덩이를 버린 점에 대하여 내 생각은 어떠한지 쓰시오.

문제를 읽고 다음과 같이 자기 느낌을 생각나는 대로 쓰는 학생들이 있어요.

 **답**

① 금덩이를 반으로 잘라서 똑같이 나누어 가졌을 것이다.

2 형과 아우가 금덩이를 버린 것은 아주 바보 같은 짓이다. 금이 얼마나 귀한 건데, 나 같으면 금덩이를 팔아서 맛있는 음식을 많이 사 먹었을 것이다.

어때요? 이 답이 맞다고 생각하나요?
 '내 생각이나 느낌을 말해 보라고 했으니까 쓰기만 하면 다 맞는 거 아닌가요?' 하고 생각하는 어린이들이 있을지 몰라요.
 미안하지만 앞의 답들은 좋은 점수를 받기 어려워요.

이것이 바로 국어 서술형 문제를 풀 때 어린이들이 가장 많이 하는 착각이에요. 내 생각이나 느낌을 쓰라고 했다고 아무렇게나 쓰라는 말은 절대 아니에요.

==이런 문제를 풀 때는 꼭 주제와 관련지어 답을 써야 한답니다.==

　이 글의 주제는 뭘까요?

　아우의 말로 미루어 '형제간의 우애'가 주제예요.

　그렇다면 '형제간의 우애'와 관련지어 다음과 같은 답을 써야 하는 거예요.

답

　① 형은 아우에게, 아우는 형에게 금덩이를 서로 양보했을 것이다.

　② 금보다 더 중한 것이 형제간의 우애다. 우애를 지키기 위해 금덩이를 강물에 버린 행동은 잘한 일이다.

　물론 꼭 이와 똑같이 답을 쓸 필요는 없어요. 하지만 적어도 이와 비슷한 내용의 답을 써야 좋은 답으로 인정받을 수 있다는 것을 명심하세요.

　내 생각과 느낌을 쓰라고 했다고, 생각나는 대로 아무렇게나 내 느낌이나 생각을 써서는 안 된답니다.

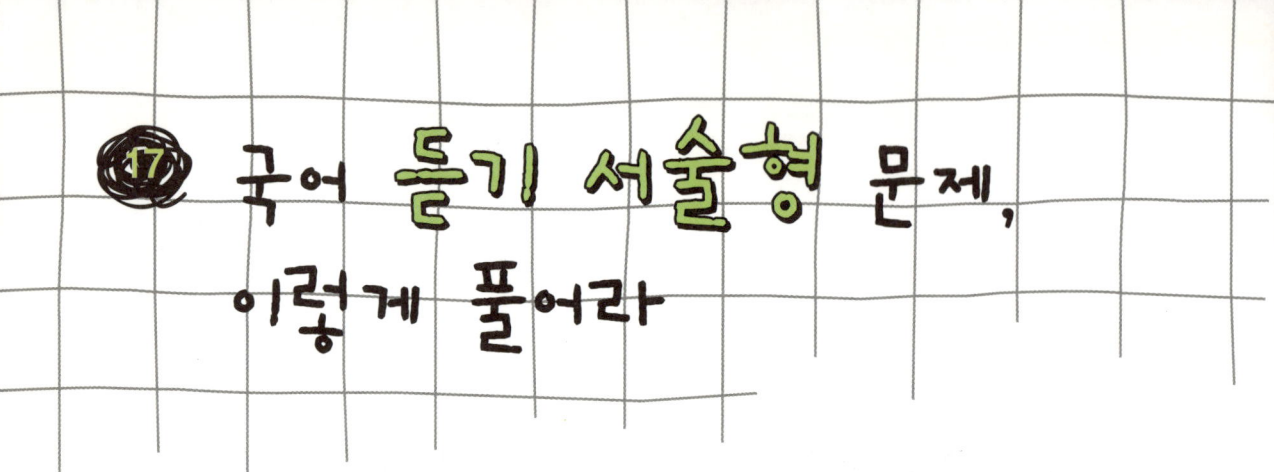

17 국어 듣기 서술형 문제, 이렇게 풀어라

듣기 서술형 평가의 가장 어려운 점은 뭘까요?

보기를 딱 한 번만 들려준다는 거예요. 그래서 잠깐이라도 딴 생각을 하면 내용 파악이 안 되는 경우가 많지요. 또 처음 들었을 때는 내용을 잘 파악했지만, 시간이 지나면서 기억이 희미해지는 경우도 많아요.

문제 : 다음 이야기를 잘 듣고 물음에 답하시오.

효과음(전화벨 소리) : 따르릉	
지우 :	여보세요.
이모 :	(급한 목소리로) 지우야, 엄마 계시니?
지우 :	이모? 이모 정말 오랜만이에요.
이모 :	(약간 당황스러운 듯이) 어, 그래. 이모가 너무 오랜만에 전화를 걸었지. 그런데 엄마는…….
지우 :	(어리광을 부리듯이) 이모 왜 요즘엔 놀러 안 오세요? 성현이도 보고 싶은데…….
이모 :	(곤란하다는 말투로) 지우야 미안한데, 지금 이모가 급하게 엄마한테 할 말이 있거든. 엄마 좀 빨리 바꿔 줄래?
지우 :	(퉁명스럽게) 알았어요!

1️⃣ 이모와 전화 통화를 하면서 지우가 잘못한 점은 무엇입니까?
(기본형)

2️⃣ 위의 상황과 같이 전화로 통화할 때 주의해야 할 점은 무엇입니까? (심화형)

위와 같은 듣기 서술형 문제를 쉽게 풀려면 다음 두 가지를 꼭 기억하고 있어야 해요.

▶ **듣기를 시작하기 전에 문제를 얼른 읽어 본다.**

문제를 먼저 읽은 다음 듣기를 하면, 듣는 동시에 곧바로 답을 찾을 수 있어요. 하지만 문제를 읽지 않은 채 멍하니 듣고 있다가는 중요한 내용이 언제 지나가는지를 눈치 채지 못하는 경우가 많답니다.

▶ **들으면서 중요하다고 생각하는 부분은 짧게 메모해 둔다.**

혹시 답이 잘 생각나지 않을 때 메모해 놓은 것이 도움이 될 수 있기 때문이지요.

앞의 문제는 다음과 같이 답을 할 수 있어요.

 답

1️⃣ 이모의 말씀을 제대로 듣지 않고 자기가 하고 싶은 말만 한 것이 잘못이다. 또 자기 말만 한 뒤 엄마를 바꿔 달라는 이모의 말에 퉁명

스럽게 대답한 것도 잘못이다.

2 전화는 상대방의 얼굴을 보지 않고 목소리만 듣기 때문에 상대방의 말을 주의 깊게 들어야 한다.

　국어 듣기 서술형 문제를 잘 풀려면 평소에 듣기 연습을 하는 것이 가장 좋은 방법이에요.

　텔레비전 뉴스 등을 시청할 때 '무슨 말을 하나?' 하고 주의 깊에 듣는 습관을 길러 보세요. 또 선생님의 설명이나 강연 등을 들을 때 메모를 하는 습관을 기르는 것도 중요해요. 이때 남의 말을 처음부터 끝까지 그대로 메모할 필요는 없어요. 주의 깊게 남의 말을 잘 듣다가 중요한 내용이 나오면 메모를 하는 것이 좋은 방법이에요.

　이러한 메모 습관을 기르면 중요한 내용과 중요하지 않은 내용을 구분하는 능력이 길러진답니다.

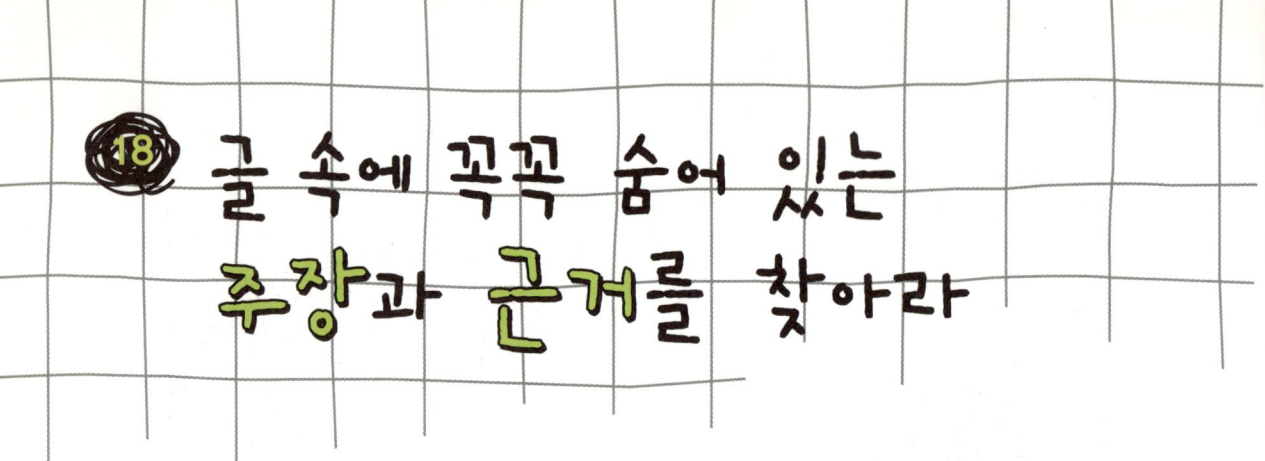

글 속에 꼭꼭 숨어 있는 주장과 근거를 찾아라

"아하! 글쓴이의 생각은 바로 이거야."
"이 부분이 중요한 부분이고, 이 부분은 중요하지 않은 부분이야."
이런 판단을 빨리 내리는 어린이일수록 국어 서술형·논술형 문제를 잘 풀 수 있어요.

글쓴이들은 자기 생각을 전달할 때 꼭 필요한 말만 하는 건 아니에요. 대개 글쓴이는 읽는 이가 쉽게 이해할 수 있도록 설명, 비유 그리고 여러 가지 예를 들게 마련이지요.

따라서 글 속에는 중요한 부분과 별로 중요하지 않은 부분이 섞여 있어요.

이때 별로 중요하지 않은 설명, 비유, 예 등을 중심으로 글을 읽으면 엉뚱한 답을 하게 된답니다.

다음 지문을 잘 읽고 가장 중요한 부분을 찾아보세요.

문제 : 다음 글을 읽고 주장과 주장에 대한 근거를 찾아 쓰시오. (심화형)

밸런타인데이, 화이트 데이, 블랙 데이, 쿠키 데이 등은 학생들 사이에서 유행하고 있는 기념일이다. 누가, 언제 만들었는지도 모르는 이 기념일들이 어린이들의 마음을 멍들게 하고 있다.

한 초등학교의 쉬는 시간. 어린이들이 저마다 가방 속에서 과자를 한두 개씩 꺼낸 뒤, 좋아하는 친구들에게 나누어 주었다. '쿠키 데이'를 맞아 선물을 주고받는 것이다. 이날, 어떤 어린이는 과자를 한 아름 안고 싱글벙글 좋아했지만, 어떤 어린이는 아무것도 받지 못하자 울음을 터트렸다.

1 주장 : _____
2 주장에 대한 근거 : _____

자, 그럼 이 문제의 답을 함께 찾아볼까요.

 답

1 주장 : 밸런타인데이 등의 정체 모를 기념일이 어린이들의 마음을 멍들게 하고 있다.
2 주장에 대한 근거 : 기념일에 선물을 받지 못한 아이들은 소외감에 울음을 터뜨렸다.

이와 같은 국어 서술형 문제를 잘 풀기 위해서는 다음과 같은 연습을 해야 해요.

▶ 글을 읽을 때 무엇에 대하여 이야기하고 있는지 생각하면서 읽는 습관을 기른다.

▶ 각 문단의 중심 낱말에 동그라미를 치거나 밑줄을 그으면서 책을 읽는다.

▶ 글쓴이가 전하려고 하는 가장 중요한 내용이 담긴 문장을 찾는 습관을 기른다.

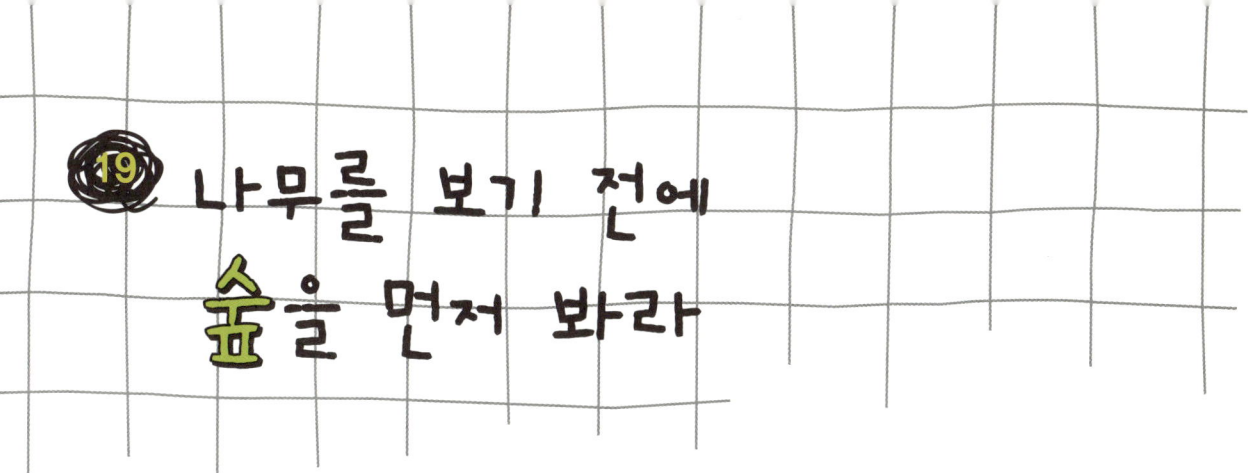

19 나무를 보기 전에 숲을 먼저 봐라

　국어 서술형·논술형 시험의 가장 큰 특징 중 하나가 바로 각 분야의 글을 서로 비교하는 거예요.
　그림과 글을 보여 주고 공통점이나 차이점을 찾아보라는 문제도 종종 출제되고 있지요.
　이러한 문제를 잘 풀려면 어떻게 공부해야 할까요?

문제 : 다음 두 글을 읽을 때 비슷한 점과 다른 점을 찾아보시오. (심화형)

(가) ▶ 물건을 사용한 후 제자리에 둡시다. 그렇게 생각하는 이유는 찾는 시간이 절약되고, 다른 사람이 그 물건이 필요할 때 손쉽게 찾아서 쓸 수 있기 때문입니다. 뿐만 아니라 잘 정돈된 모습이 보기에도 좋습니다.

(나) ▶ 정리 정돈하는 우리 반, 우리가 교실의 주인입니다.

이런 유형의 문제를 풀려면 다음 두 가지를 꼭 알고 있어야 해요.

▶ **국어 교과서에 나오는 글의 특성을 모두 알고 있어야 한다.**

국어 교과서에는 설명하는 글, 전기문, 생활문, 조사 기록문, 독서 감상문, 시, 전래 동요, 전래 동화, 창작 동화, 전설, 민담, 주장하는 글, 기사문 등 많은 형식의 글이 있어요.

이렇게 많은 글은 모두 각각의 특징이 있답니다.

예를 들어 전기문은 인물의 삶을 통해 읽는 이에게 교훈과 감동을 전해 주기 위해 쓴 글이에요.

또 설명문은 읽는 이가 쉽게 이해할 수 있도록 어떠한 사실을 쉽게 풀어서 설명한 글이지요.

이러한 글의 특성을 모두 이해하고 있지 않으면 위와 같은 문제는 풀 수 없어요.

▶ **한 걸음 더 나아가서 각 글의 특성을 서로 비교하면서 공부를 해야 한다.**

예를 들어 전설과 민담을 비교하면 다음과 같아요.

	전 설	민 담
공통점	옛날부터 입에서 입으로 전해져 내려오는 이야기	
차이점	특정한 장소나 증거가 남아 있는 이야기	특정한 장소나 증거가 없이 그냥 입에서 입으로 전해져 내려오는 이야기

이런 방법으로 동시와 동화를 비교할 수도 있고, 설명하는 글과 주장하는 글의 특성을 서로 비교할 수도 있어요.

자, 그럼 앞의 문제를 함께 풀어 볼까요?

(가)는 글로 풀어 쓴 것이고, (나)는 그림을 통해 설명하고 있어요. 물론 (가) 글과 (나) 글은 둘 다 같은 내용을 담고 있어요. 그렇다면 다음과 같이 쓰면 되겠군요.

답 : (가) 글이나 (나) 글 모두 자신의 생각을 담아 다른 사람을 설득하기 위한 글이라는 점에서 비슷하다. 그러나 (가)는 주장에 대한 근거를 제시해 논리적으로 설득하는 글이고, (나)는 말과 그림을 보여 줌으로써 읽는 이의 감성을 자극해 설득하는 글이라는 점에서 다르다.

어때요? 실전 시험에서 이런 답을 쓸 자신이 있나요?
누구나 위와 같이 서술식으로 답을 쓴다는 것이 처음에는 무척 어렵게 느껴질 거예요.
옛말에 "나무를 보지 말고 숲을 봐라."라는 말이 있어요. 눈앞에 보이는 부분만 바라보지 말고 전체를 보라는 말이지요.
앞으로 국어 서술형 공부를 할 때는 나무를 보기 전에 숲을 먼저 봐야 해요. 전체적인 글의 특징부터 먼저 공부한 다음에 부분적인 내용을 공부하는 것이 올바른 국어 공부법이랍니다.

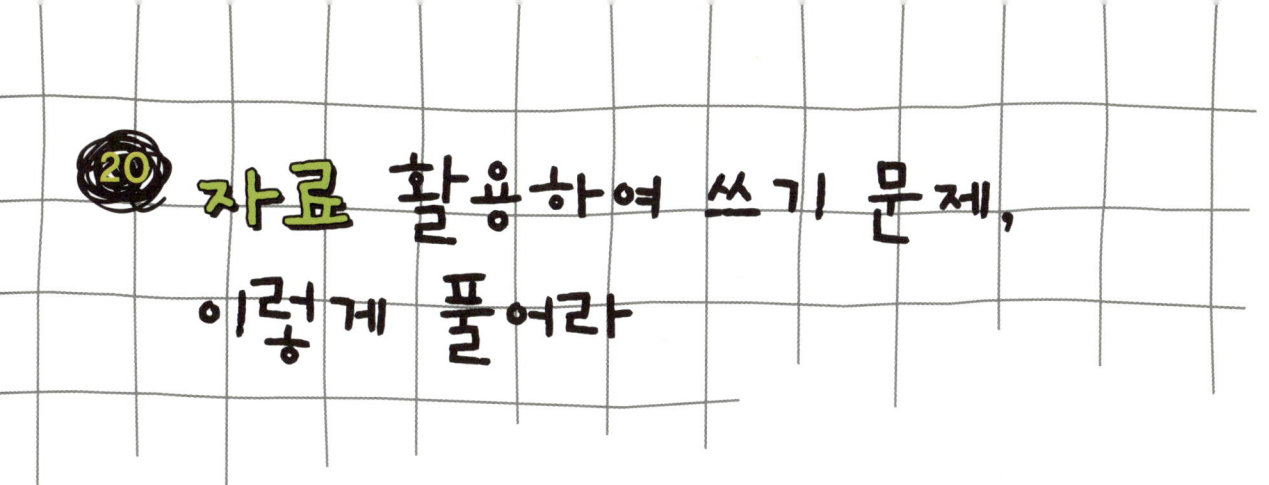

20 자료 활용하여 쓰기 문제, 이렇게 풀어라

그림을 글로 바꾸는 문제는 서술형 시험의 단골 메뉴예요.

이런 문제 유형을 '자료 활용하여 쓰기'라고 해요.

자료 활용하여 쓰기 문제는, 답을 쓰기 전에 일단 자료와 문제를 비교해서 꼼꼼하게 따져 봐야 한답니다.

문제 : 그림을 자세히 관찰하여 주관적으로 묘사하는 글을 써 보시오. (심화형)

이 문제에는 중요한 조건이 숨어 있어요. '주관적으로 묘사하는 글'이라는 조건이지요. 답을 아무리 잘 써도 이 조건에 맞지 않으면 좋은 점수를 받을 수 없다는 것을 꼭 기억하세요.

묘사하기란 어떤 대상을 좀 더 생생하게 나타내기 위해 모양, 색깔, 움직임 등을 구체적으로 눈에 보이듯이 글로 자세히 표현하는 방법이에요.
단 묘사하는 글을 쓸 때는 주관적으로 묘사할 것인지, 객관적으로 묘사할 것인지를 정해야 해요.

묘사하는 글 쓰기

- **객관적 묘사** : 자신의 느낌이나 감정이 들어가지 말아야 한다.
- **주관적 묘사** : 나의 느낌이나 생각을 담아 묘사해야 한다.

위의 문제에서는 '주관적으로' 묘사하라고 했으니까 중간중간에 내 생각이나 느낌을 넣어 가면서 묘사를 해야겠지요.
이때 가장 강조하고 싶은 부분을 먼저 생각한 다음, 그 부분이 가장 잘 드러나도록 묘사하는 것이 좋은 방법이에요.
또 공간 묘사를 할 때는 먼저 순서를 잡은 후에 쓰는 것이 좋아요. 공간의 윗부분부터 쓸 것인지, 아랫부분에서부터 쓸 것인지 등 순서를 정해서 글을 써야 좋은 묘사를 할 수 있답니다.

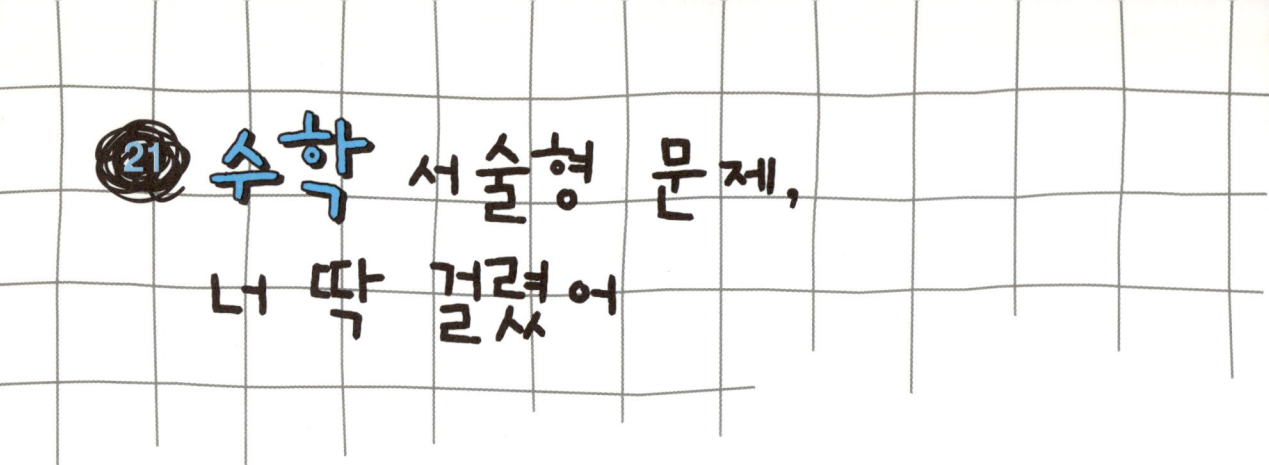

21 수학 서술형 문제, 너 딱 걸렸어

수학 서술형 시험을 잘 보려면 다음과 같이 다양한 방법으로 수학 문제를 풀어 봐야 해요.

- 문제를 표로 정리하기
- 문제를 그래프나 그림으로 나타내기
- 문제를 거꾸로 풀어 보기
- 풀이 과정을 정리해 보기
- 문제의 조건 바꾸어서 풀어 보기
- 스스로 비슷한 문제를 만들어 보기

"그냥 답만 찾으면 됐지, 뭣 하러 이렇게 여러 가지 방식으로 문제를 풀어 봐야 하나요?"라고 묻는 어린이가 있다면 얼른 생각을 바꿔야 해요.

수학 서술형 시험은 정답을 찾는 것이 중요한 게 아니에요.

그보다는 '어떤 과정을 거쳐 그런 답이 나왔는지'를 설명할 줄 아는 능력이 필요하답니다.

따라서 다양한 방식으로 문제를 풀어 보는 것이 수학 서술형 시험에 강해지는 가장 좋은 방법이에요.

또 앞으로 수학 서술형 시험을 잘 보려면 다음 세 가지 습관을 들여야 해요.

> ▶ **어떤 문제든 손으로 직접 써 가면서 계산해야 한다.**
> 손을 움직이면서 계산을 하면 그만큼 머릿속에 오랫동안 기억됩니다.
>
> ▶ **도형 문제를 풀 때는 도형이나 그래프 없이 답을 쓸 수 있는 경우라도 꼭 도형이나 그래프를 그려 본다.**
> 도형 문제를 잘 풀려면 도형을 자꾸 그려 봐야 해요.
>
> ▶ **암산으로 답을 찾을 수 있는 경우라도 계산 과정을 일일이 다 써 본다.**

위의 세 가지 습관을 통해 문제 해결 능력을 높이면 수학 성적은 저절로 쑥쑥 오를 겁니다.

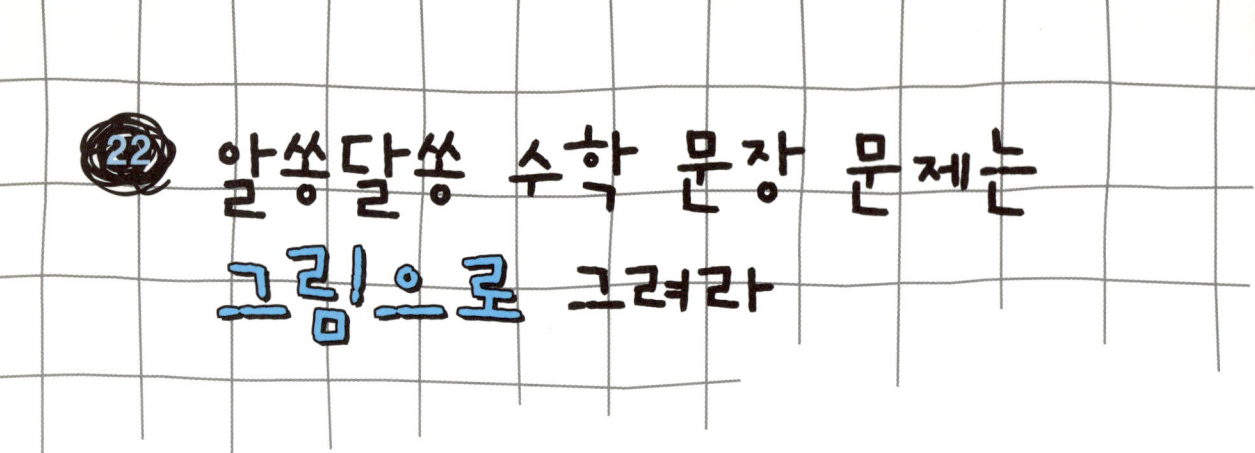

서술형 수학 시험의 가장 큰 특징 중 하나가 바로 문제를 문장으로 낸다는 거예요.

그런데 의외로 문장 문제를 어려워하는 어린이들이 꽤 많아요.

'도대체 이게 무슨 뜻이지?' 하고 고민하다 시간이 부족해서 문제를 못 푸는 경우도 종종 볼 수 있지요.

수학 문장 문제를 빠르고 정확하게 풀려면 다음 두 가지만 기억하고 있으면 돼요.

> ▶ 문제를 그림으로 그려 본다.
> ▶ 내 나름대로 식을 만들어 본다.

자, 그럼 다음 문제를 같이 풀어 볼까요.

문제 : 10개들이 사탕 상자 4개와 낱개 사탕이 2개 있습니다. 이것을 3사람이 똑같이 나누면 1사람당 몇 개의 사탕을 가질 수 있을까요? (기본형)

이런 문제를 풀 때는 어떻게 하라고 했지요?
그래요, 다음과 같이 문제를 그림으로 그려 보세요.

이제 문장을 그림으로 바꿔 놓았으니까 찬찬히 한번 생각해 볼까요. 우선 사탕 1상자씩을 3사람에게 각각 나누어 주면 되겠네요. 여기까지는 유치원생들도 쉽게 알 수 있을 거예요. 그럼 이제 남은 것은 사탕 1상자와 낱개 사탕 2개예요. 이것은 또 어떻게 나누어야 할까요? 힌트는 항상 문제 속에 들어 있어요.

문제를 다시 한 번 볼까요? 그래요. 1상자에 10개가 들어 있다고 했지요. 그렇다면 10개와 낱개 2개를 더하면 몇 개가 되나요?

네, 12개지요. 그럼 이제 이 12개를 3사람이 나누면 되는 거예요. 이것을 식으로 만들어 보면 '12÷3=4'라는 식이 완성됩니다.

여기에 먼저 나누어 준 1상자를 더하면 한 사람이 가질 수 있는 사탕의 수가 나오는 것이죠.

따라서 정답은 '1사람당 14개의 사탕을 갖게 된다.'라고 쓰면 되는 거예요.

이런 수학 문장 문제는 계산력만으로는 풀 수 없어요. 아무리 계산을 잘해도 문제를 이해하지 못하면 답을 쓸 수 없지요. 문제를 그림으로 그려 보면 좀 더 쉽게 이해할 수 있답니다.

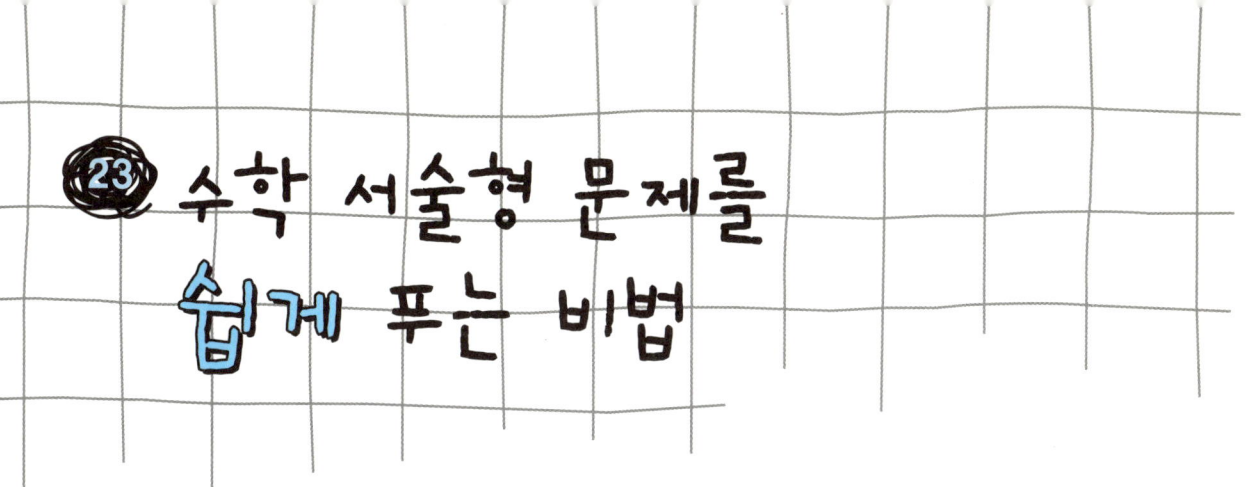

23 수학 서술형 문제를 쉽게 푸는 비법

수학 서술형 문제를 쉽게 풀고 싶나요? 그럼 다음의 다섯 가지 비법을 꼭 기억해 두세요.

- ▶ **문제를 꼼꼼하게 읽는다.**
  덤벙거리면 문제의 뜻을 이해할 수 없어요.

- ▶ **문장 속의 숫자에는 동그라미를 쳐 둔다.**

- ▶ **서술형 문제를 그림과 표로 나타낸다.**
  어떤 그림과 표를 그리면 되는지를 생각하면서 그리세요.

- ▶ **쉬운 부분부터 하나씩 풀어 나간다.**

- ▶ **한꺼번에 계산하려고 하지 말고 단계별로 차근차근 계산을 한다.**

문제 : 다음 그림과 같이 성냥개비를 이용하여 삼각형을 만들려고 합니다. 삼각형이 50개가 되도록 늘어놓으려면 성냥개비가 몇 개 필요합니까? (심화형)

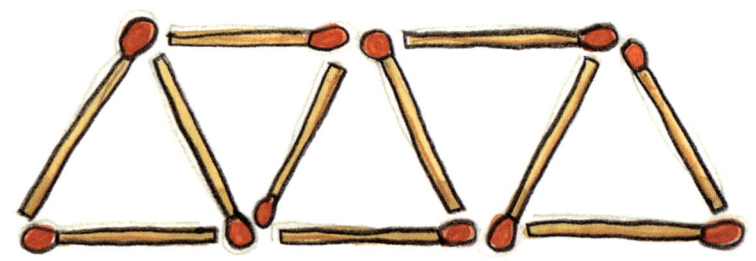

자, 그림 위의 수학 서술형 문제를 함께 풀어 볼까요.

먼저 문제를 꼼꼼하게 읽은 다음, '50개'라는 숫자에 동그라미를 쳐 두세요.

그런 다음 미리 제시되어 있는 그림을 보세요. 만약 문제에 그림이나 표가 없을 경우에는 스스로 그림이나 표를 만들어 보세요. 문제를 빨리 푸는 데 도움이 될 거예요.

처음에 삼각형 1개를 만들려면 성냥개비가 몇 개 필요한가요? 그래요. 3개의 성냥개비가 필요하지요.

그런데 두 번째 삼각형은 어때요? 두 번째부터는 삼각형을 1개 만드는 데 2개의 성냥개비가 필요해요.

여기까지 생각했다면 누구나 다음과 같이 정리를 할 수 있을 거예요.

'첫 번째 삼각형을 만드는 데는 3개의 성냥개비, 나머지 49개의 삼

각형을 만드는 데는 각각 2개의 성냥개비가 필요하다.'

자, 그럼 이제 여러분 스스로 식을 만들어서 답을 구하는 단계까지 왔어요.

 답 : 3+49×2=101개

3 : 첫 번째 삼각형을 만드는 데 필요한 성냥개비의 수
49 : 49개의 삼각형
2 : 2개의 성냥개비
101 : 50개의 삼각형을 만드는 데 필요한 성냥개비의 수

이런 수학 서술형 문제는 학생 스스로가 문제를 해결할 줄 아는 능력이 있는가를 테스트하는 문제예요.

이러한 문제를 풀 때는 위에서처럼 단계별로 생각하면서 차근차근 문제를 푸는 것이 요령이랍니다.

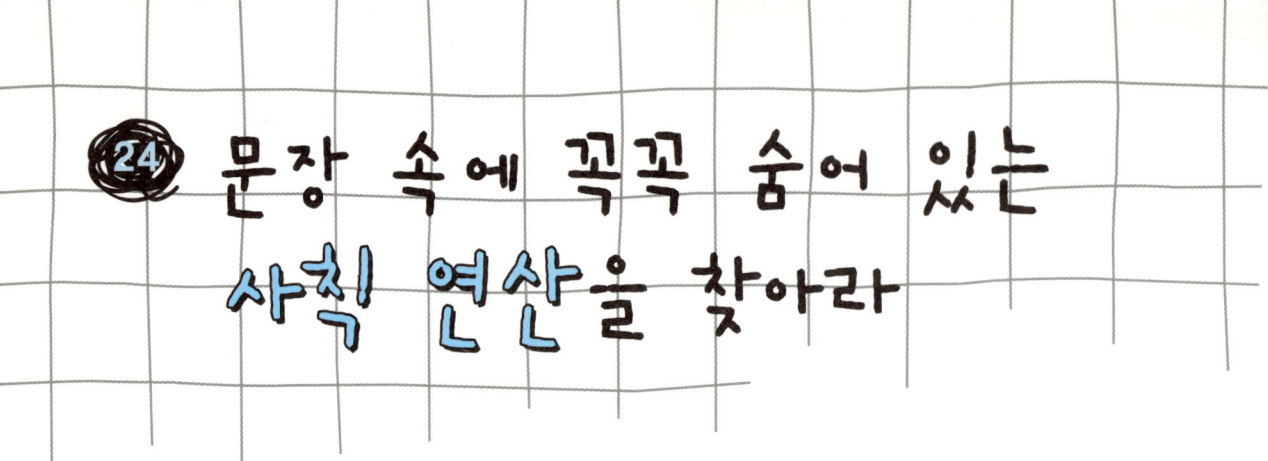

24 문장 속에 꼭꼭 숨어 있는 사칙 연산을 찾아라

　객관식 수학 시험을 볼 때는 식만 잘 알고 있으면 문제를 푸는 데 별 어려움이 없었어요. 하지만 수학 서술형 문제를 풀다 보면 '이 문제는 어떤 식으로 푸는 거지?'라는 생각을 자주 하게 돼요. 자신이 스스로 식을 구해서 풀어야 하는 문제가 많아졌기 때문이지요.

　특히 덧셈, 곱셈 등 사칙 연산이 함께 섞여 있는 문장 문제가 그래요. 덧셈과 곱셈 등이 섞여 있는 문제를 풀 때는, 무엇이 덧셈이고 무엇이 곱셈인지 가려내는 게 중요해요.

　그런데 문장 속에 꼭꼭 숨어 있는 곱셈과 덧셈을 어떻게 알아 찾아낼 수 있을까요?

　여러 개의 값을 가질 때는 곱셈이에요.

　예를 들어 '1개에 500원 하는 사과를 5개 먹었다.'를 식으로 바꾸면 '500×5=2500'이 되는 것이죠.

　마찬가지로 '피자 3판을 먹었다. 피자 1판이 7500원이다.'를 식으로 바꾸면 '7500×3=22500'이 되는 거예요.

　그렇다면 '사과와 피자 값은 모두 얼마일까요?'는 어떤 식으로 바꿔야 할까요?

수학 문장에서 '모두'란 말은 더하라는 뜻이에요.
따라서 '2500+22500=25000'이 되는 것이죠.

앞으로는 사칙 연산이 꼭꼭 숨어 있는 문장을 만나더라도 절대 당황하지 마세요. 말뜻을 잘 살피고 식을 쓸 수만 있으면 문제는 쉽게 풀린답니다.

수학 서술형 시험을 잘 보고 싶지요? ==그림 문장 문제를 보고 식을 만드는 연습을 꾸준히 해 보세요.== 거꾸로 식을 보고 스스로 문장 문제를 만들어 보는 연습을 해 보는 것도 좋은 수학 공부 방법입니다.

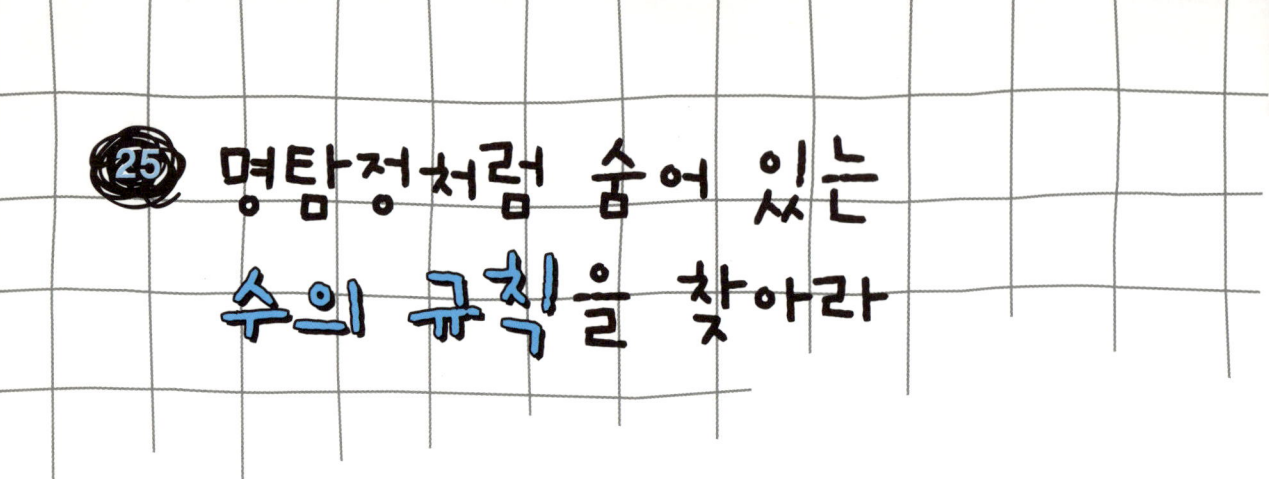

25 명탐정처럼 숨어 있는 수의 규칙을 찾아라

〈명탐정 코난〉이라는 만화를 본 적이 있나요?

코난은 뛰어난 추리력을 가지고 있어요. 그래서 어려운 사건도 쉽게 해결하곤 하지요.

수학 서술형 문제를 잘 풀려면 코난처럼 날카로운 추리력을 가지고 있어야 해요.

다음 문제를 보세요.

문제 : 다음과 같은 수의 배열이 있습니다. 알맞은 규칙을 찾아 12번째에 오는 수를 구하고 설명하시오. (심화형)

33, 313, 3113, 31113, 311113, 3111113, ……

지금까지는 덧셈, 뺄셈, 곱셈, 나눗셈을 모두 잘하면 수학을 잘한다는 소리를 들을 수 있었어요. 하지만 수열의 규칙성을 묻는 이런 문제를 풀 때는 그것만 가지고는 안 돼요. 문제에 제시되어 있는 숫자가 어떤 규칙을 가지고 있는지를 알아내는 능력이 있어야 하지요. 명탐정 코난처럼 숨어 있는 규칙을 추리해 내는 추리력이 있어야 한답니다.

자, 앞의 문제에는 어떤 규칙이 숨어 있을까요?

첫째, 모든 수의 양 끝에 '3'이라는 숫자가 들어가요.

둘째, 항이 하나씩 늘어날 때마다 '1'이 하나씩 늘어나고 있어요. 그런데 1번째 수에는 '1'이 없고, 2번째 수부터 '1'이 1개, 3번째에는 2개, 4번째에는 3개…… 식으로 늘어나고 있지요. 그렇다면 12번째에는 '1'이 11개가 있겠지요?

따라서 답은 '3111111111113'인 거예요.

이와 같이 숨어 있는 수의 규칙을 찾아 설명하고 답을 써야 좋은 점수를 받을 수 있답니다.

한 문제만 더 연습해 볼까요?

문제 : 1에서부터 10까지의 숫자를 모두 더하면 얼마가 될까요? 답을 구하고, 어떻게 해서 그런 답이 나왔는지 설명하시오. (심화형)

$$1 + 2 + 3 + 4 + 5 + 6 + 7 + 8 + 9 + 10 =$$

이 문제 역시 수열의 규칙성을 묻는 문제예요.

단순 무식하게 '1에서부터 10까지의 수를 모두 더했더니 답이 55가 나왔다.'라고 쓰는 건 좋은 방법이 아니에요.

문제를 잘 보고 규칙을 찾아야 해요. 그리고 식을 만든 다음에 답을 써야 하지요.

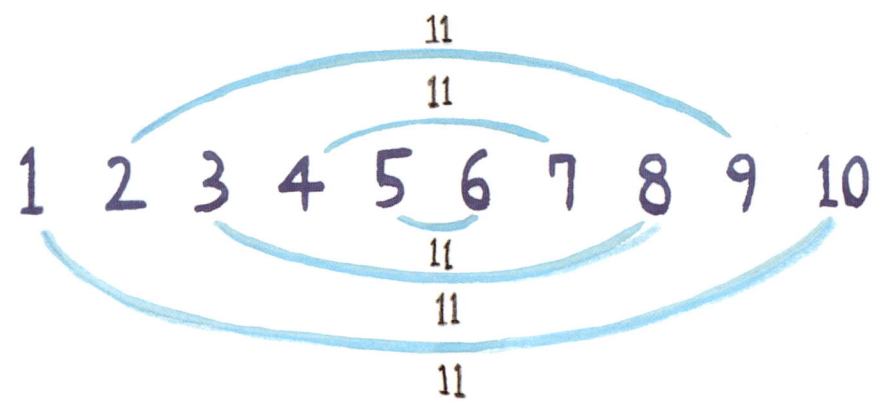

어때요?

'1+10=11, 2+9=11, 3+8=11, 4+7=11, 5+6=11'이라는 규칙을 쉽게 발견할 수 있지요. 이렇게 하면 11이 되는 수가 5개인 셈이에요. 그렇다면 '11×5=55'라는 식과 답을 찾을 수 있어요.

앞으로 수학 서술형 시험을 보다 보면 이런 문제를 자주 접하게 될 거예요. 그럴 때는 무턱대고 계산을 하려고 하지 말고 주어진 수 안에 숨어 있는 규칙을 발견하려고 노력해 보세요. 그렇게 하면 수열의 규칙성을 묻는 문제는 쉽게 풀 수 있을 겁니다.

26 도형은 서로 비교해 가면서 공부해라

수학 서술형 시험 중에서 가장 까다로운 문제는 도형 문제예요. 그럼 도형은 어떻게 공부하는 것이 좋을까요?

도형 문제를 잘 풀려면 여러 도형을 서로 비교해 가면서 공부하는 것이 효과적이에요.

문제 : 다음 대화를 보고 물음에 답하라.

1 성현의 생각이 맞다고 생각합니까? (기본형)

② 1번 문항에서 그렇게 판단한 이유를 설명하시오. (기본형)
③ 현아의 의문을 풀 수 있도록 직사각형과 정사각형의 차이를 설명하시오. (심화형)

우선 이 문제를 같이 풀어 볼까요.

 답

① 맞다.
② 정사각형도 4개의 각이 모두 직각이므로 직사각형이다.
③ 직사각형은 4개의 각이 직각인 사각형이다. 반면에 정사각형은 4개의 각이 모두 직각이고, 4개의 변의 길이가 모두 같아야 한다.

이런 문제는 다음과 같이 정사각형과 직사각형을 그려 보면 아주 쉽게 이해할 수 있어요.

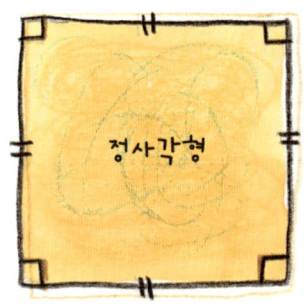 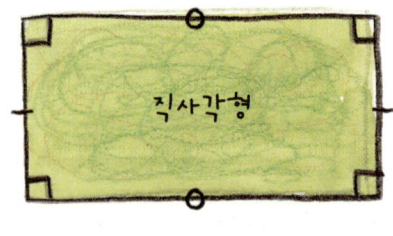

하지만 이런 그림을 그리려면 우선 '정사각형'의 정의와 '직사각형'의

정의를 알고 있어야 해요. 그러지 않으면 그림을 그릴 수 없는 것은 물론이고, 답을 쓸 수도 없겠지요. 따라서 도형을 공부할 때는 '도형의 정의'부터 먼저 확실히 알고 있어야 해요.

하지만 각 도형의 정의를 알고 있는 것만으로는 아직 부족해요.

'삼각형 (가)와 삼각형 (나)의 공통점과 차이점을 각각 세 가지 이상 쓰시오.'라는 식으로 각 도형을 비교해 보라는 문제도 자주 출제되기 때문이지요.

즉, 각 도형의 정의는 물론이고, 각 도형 간의 공통점과 차이점도 모두 이해하고 있어야 도형 서술형 문제를 풀 수 있다는 말이지요.

따라서 도형 서술형 문제를 풀기 위해서는 다음과 같이 공부를 해야 해요.

▶ **각 도형의 특징을 이해해야 한다.**

도형의 특징을 이해하기 위해서는 도형을 직접 그려 보는 것이 가장 좋은 방법이에요.

▶ **기준에 따라 도형을 나누어 보고, 그 도형을 서로 비교해 보면서 공통점과 차이점을 찾아봐야 한다.**

이때 그 도형의 차이점과 공통점을 꼭 문장으로 정리해 봐야 해요.

예를 들어 삼각형에 대해 공부한다고 생각해 보세요.

그럼 다음과 같은 기준에 따라 삼각형을 구분하고, 그 공통점과 차이점을 정리해 볼 수 있어요.

〈각의 크기에 따른 분류〉

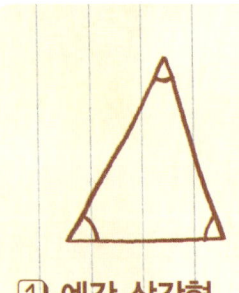

① **예각 삼각형**
세 각이 모두 0°보다 크고 90°보다 작은 삼각형.

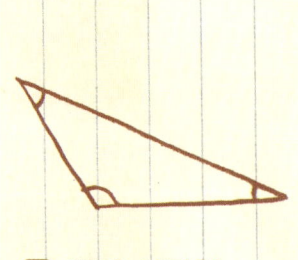

② **둔각 삼각형**
한 각이 90°보다 크고 180°보다 작은 삼각형.

③ **직각 삼각형**
한 각이 90°인 삼각형.

〈변의 길이에 따른 분류〉

① **이등변 삼각형**
두 변의 길이가 같은 삼각형. 두 각의 크기가 같은 성질을 가지고 있다.

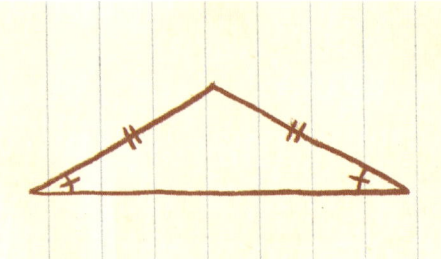

② **정삼각형**
세 변의 길이가 같은 삼각형. 세 각의 크기가 같은 성질을 가지고 있다.

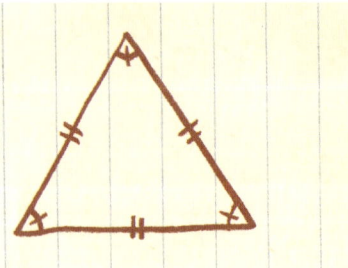

어때요?

이렇게 서로 비교해 가면서 공부를 하니까 삼각형의 특징이 한눈에 쏙 들어오지요?

이처럼 도형을 공부할 때는 '각의 크기에 따른 분류', '변의 길이에 따른 분류' 등 여러 기준에 따라 도형을 나누어 보고, 그 공통점과 차이점을 문장으로 정리해 보세요.

이렇게 해야 도형의 차이점을 묻는 수학 서술형 문제를 쉽게 풀 수 있답니다.

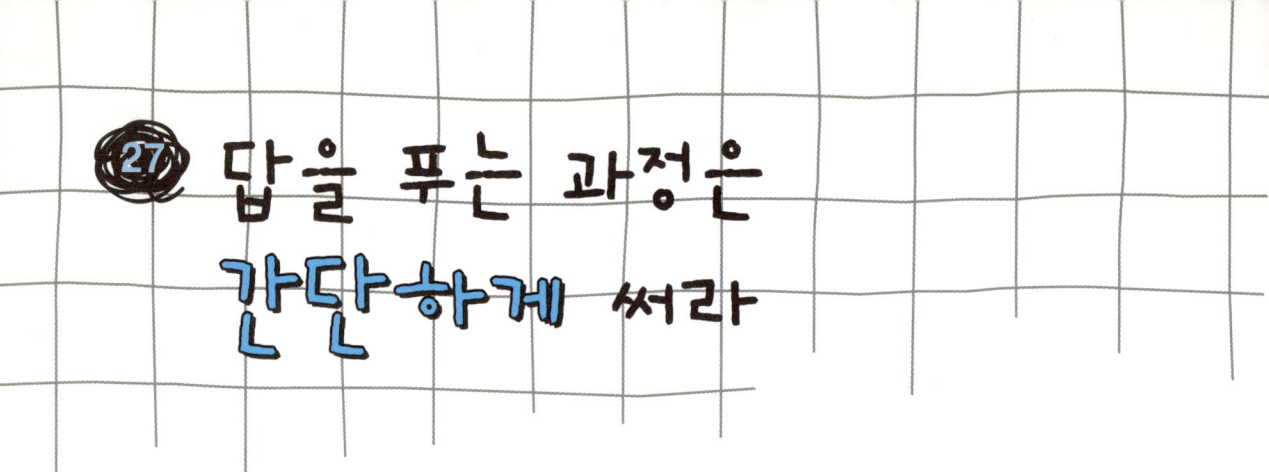

수학 서술형 답은 어떻게 쓰는 것이 가장 좋을까요? 복잡하고 길게 쓰는 것이 좋을까요? 짧고 간단하게 쓰는 것이 좋을까요?

문제 : 다음 계산식을 보고 지우는 79×100으로 생각하여 7900이라는 답을 얻었습니다. 물음에 답하시오. (심화형)

(79+79+79+79+79)×20

1 지우가 계산한 답이 맞다고 생각합니까?
2 왜 그렇게 생각하는지 설명하여 보시오.

1번 답은 '예'예요. 그렇다면 2번은 어떻게 설명해야 할까요?
먼저 선생님들이 왜 이런 서술형 문제를 내는지 그 이유를 생각해 볼 필요가 있어요.
선생님들이 이런 서술형 문제를 내는 이유는 '답을 푸는 과정'을 보기 위해서예요.

그럼 답을 푸는 과정은 어떻게 써야 할까요?

==답을 푸는 과정을 쓸 때는 간단하게 써야 가장 좋은 점수를 받을 수 있어요.==

앞의 문제를 보세요. 79라는 똑같은 수가 5번 더해지고 있다는 것을 알 수 있지요. 이럴 때에는 복잡하게 모두 더하지 말고, 더한 횟수만큼 그 수를 곱하면 돼요.

그럼 '79×5×20'이라는 식을 만들 수 있지요?

일단 이렇게 식으로 써 넣은 후, 곱할 때는 쉬운 것부터 순서대로 곱하는 게 좋아요.

곱하기는 곱하는 순서와 상관없으므로 계산하기 쉬운 수부터 먼저 곱합니다.

79×<u>5×20</u>　➡　79×100　➡　답 : 7900
　　100

답을 푸는 과정을 써 보라고 하는 수학 서술형 문제를 풀 때는 어떻게 하라고 했지요?

그래요. 가능한 한 간단하게 푸는 과정을 써야 해요. 그래야 가장 좋은 점수를 받을 수 있답니다.

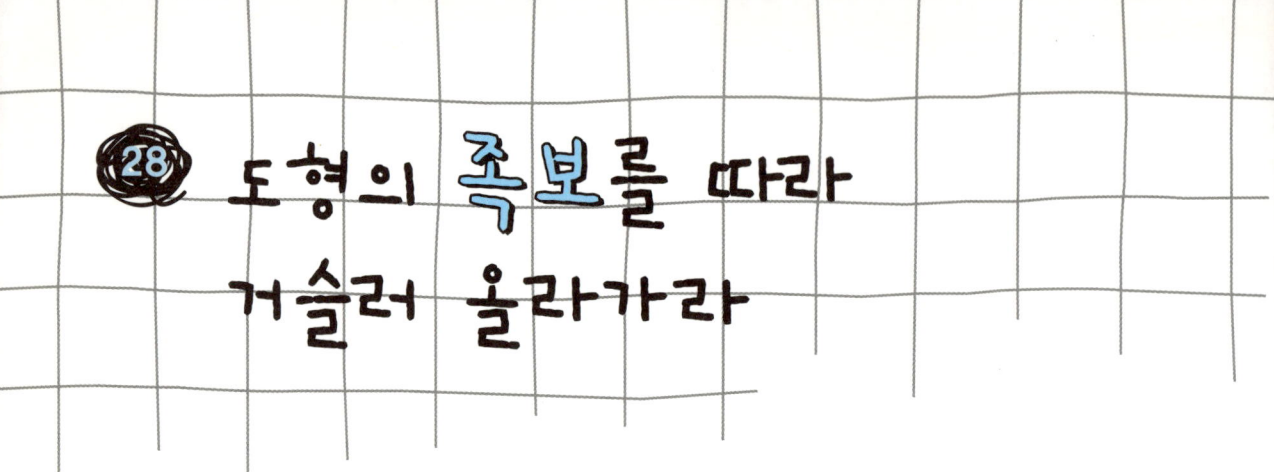

28 도형의 족보를 따라 거슬러 올라가라

혹시 족보를 본 적이 있나요?

족보는 한 가문의 대대로 이어져 내려오는 혈통 관계를 기록한 책이에요. 족보를 찾아보면 우리 아버지의 아버지가 누구였고, 그 아버지의 아버지가 누구였는지를 알 수 있지요.

수학 서술형 시험을 잘 보려면 족보를 보고 조상을 찾아 거슬러 올라가 보는 습관을 들여야 해요.

무슨 말인지 모르겠다고요? 쉽게 예를 들어 볼게요.

3학년 2학기 때 '원'에 대해서 공부를 해요. 원을 공부할 때는 '지름'과 '반지름'의 뜻을 정확히 알고 있어야 해요.

원을 그리려면 먼저 중심을 잡고, 그 중심에서부터 같은 거리에 있는 점들을 쭉 이어 그으면 돼요. 컴퍼스로 원을 그린다고 생각하면 쉽게 이해가 될 거예요. 이때 중심으로부터 같은 거리가 바로 반지름이에요.

즉, 반지름은 원의 중심과 원 위의 한 점을 이은 선분의 길이라고 할 수 있지요. 원에는 이런 반지름들이 수없이 많아요.

반지름을 늘여서 원의 다른 쪽까지 닿게 그은 선분을 지름이라고 해요. 반지름은 지름의 반이지요. 즉, 지름은 원의 중심을 지나면서 원 위의 두 점과 닿는 직선이라고 할 수 있어요.

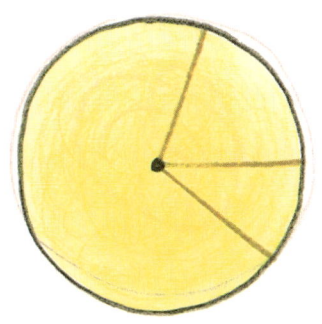 

 3학년 2학기 때는 이처럼 '원', '지름', '반지름'에 대한 개념만 정확히 알고 있으면, 웬만한 도형 문제는 어렵지 않게 풀 수 있어요. 하지만 고학년이 되면 '다각형', '다면체', '각기둥' 등 또 다른 도형에 대해 배운답니다.
 이러한 도형의 종류를 처음 도형을 배울 때부터 미리 알고 있으면 서술형 시험을 보는 데 큰 도움이 돼요. 특히 '여러 가지 도형의 특징을 비교해 보시오.'라는 식의 서술형 문제를 풀 때 많은 도움이 되지요.

 도형 가족의 족보를 만들어 보면 다음과 같아요.

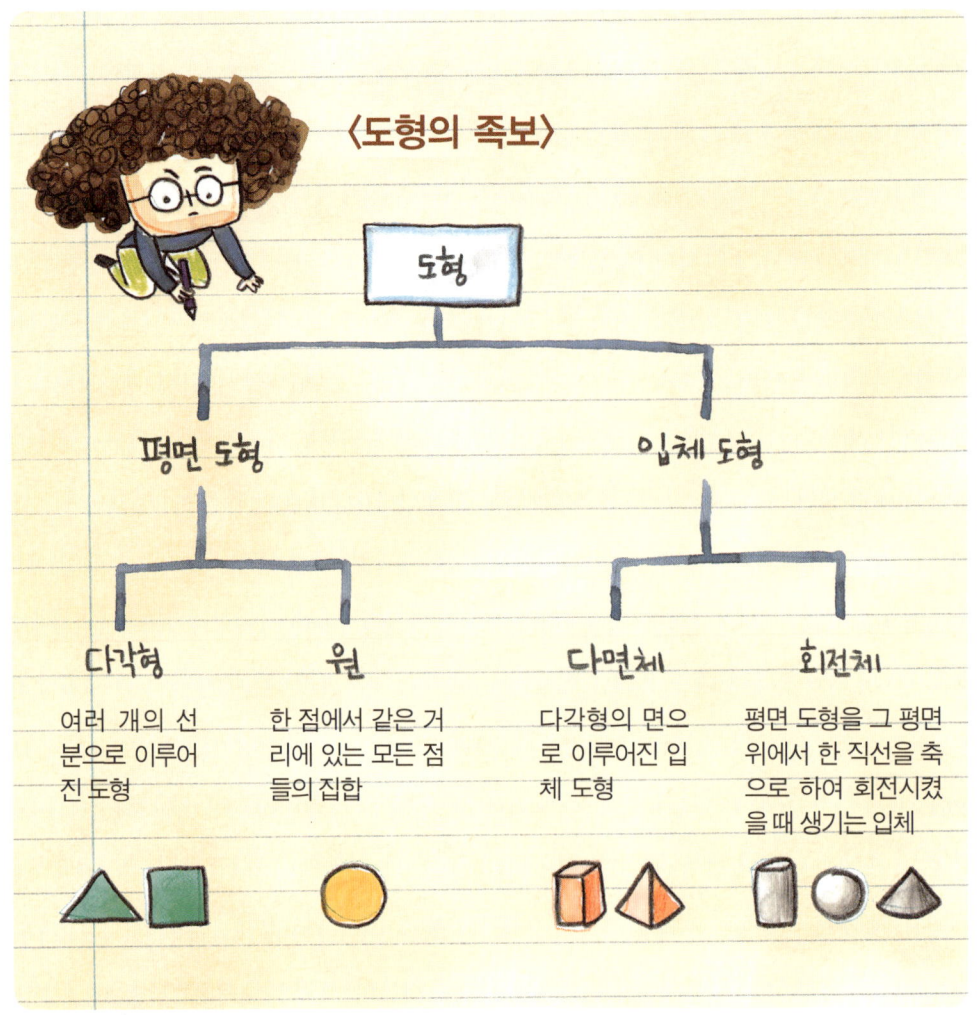

이렇게 도형의 족보를 만들어 놓고 보니까 어때요? 3학년 2학기 때 배우는 원이 평면 도형에 속하고, 평면 도형은 도형의 한 종류라는 것을 한눈에 알아볼 수 있지요.

수학 서술형 시험을 잘 보려면 머릿속에서 이러한 족보를 그릴 수 있어야 해요.

　객관식 시험만 볼 때는 어느 한 부분만 잘 알아도 답을 찾을 수 있었어요. 하지만 서술형 시험은 그렇지 않아요. 도형을 공부할 때는 이처럼 도형의 전체적인 면을 훤히 꿰고 있어야 쉽게 답을 쓸 수 있답니다.

　이제부터는 공부 방법을 180도 확 바꿔야 해요. 각 단원을 공부하기 전에, 각 단원의 중요한 내용을 족보로 만들어 보세요. 그런 다음 차근차근 세세한 부분을 공부하는 거예요.

　이것이 바로 수학 서술형 시험을 잘 볼 수 있는 최고의 공부 비법이랍니다.

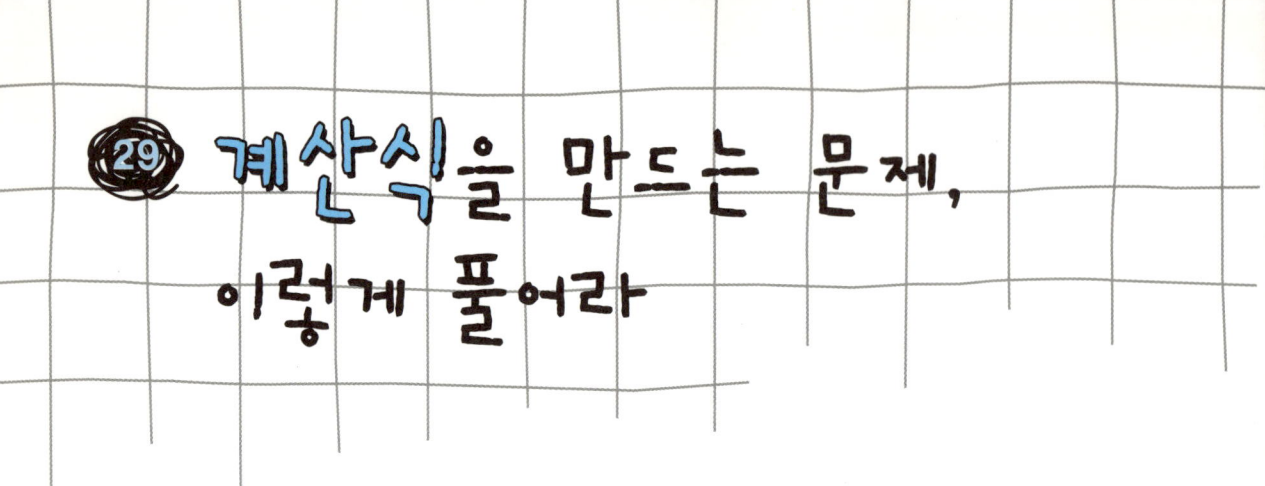

29 계산식을 만드는 문제, 이렇게 풀어라

객관식 시험만 볼 때는 주어진 문제를 잘 풀면 좋은 점수를 받을 수 있었어요.

하지만 이제 주어진 문제만 푸는 습관에서 얼른 벗어나야 해요. 수학 서술형 시험에서는 계산식을 직접 만들어 보라는 문제가 출제되기 때문이에요.

🌱 문제 : 아래 수를 이용하여 답이 50이 되는 계산식을 5개 이상 만들어 보시오. (단, 하나의 식에서 주어진 수를 한 번만 사용할 수 있습니다.) (기본형)

| 2 | 10 | 60 | 150 | 20 |

1️⃣
2️⃣
3️⃣
4️⃣
5️⃣

6️⃣
7️⃣
8️⃣
9️⃣
🔟

수학 서술형 문제를 풀 때는 우선 조건을 잘 살펴야 해요.

위의 문제에는 두 가지 조건이 있어요.

'아래 수를 이용하여 답이 50이 되는 계산식 5개 이상을 만들어라.'라는 것과 '하나의 식에는 주어진 수를 한 번만 사용할 수 있다.'는 것이에요.

즉, 보기에 나와 있는 5개의 수 이외의 수를 사용하거나, 하나의 식에 같은 수가 한 번 이상 쓰이면 안 된다는 말이에요.

계산식을 쓰는 이런 문제는 수학 서술형 시험의 단골손님이에요. 수학의 기본이 되는 사칙 연산을 잘 이해하고 있는지를 평가하는 문제이기 때문이지요.

이런 문제를 풀 때나 식을 만들 때는 '사칙 연산을 푸는 세 가지 법칙'만 잘 알고 있으면 걱정이 없어요.

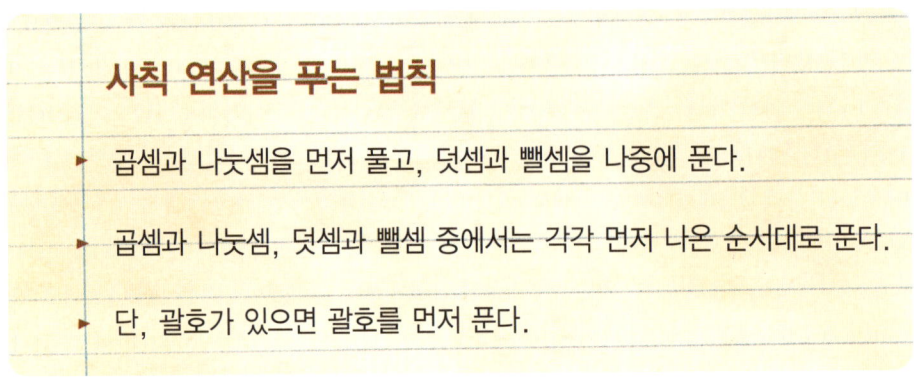

이를 간단하게 나타내면 다음과 같아요.

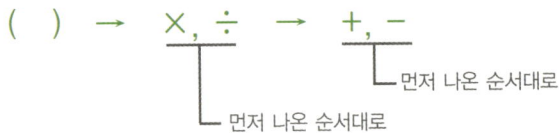

예를 들어 아래와 같은 문제는 다음과 같은 순서로 풀면 돼요.

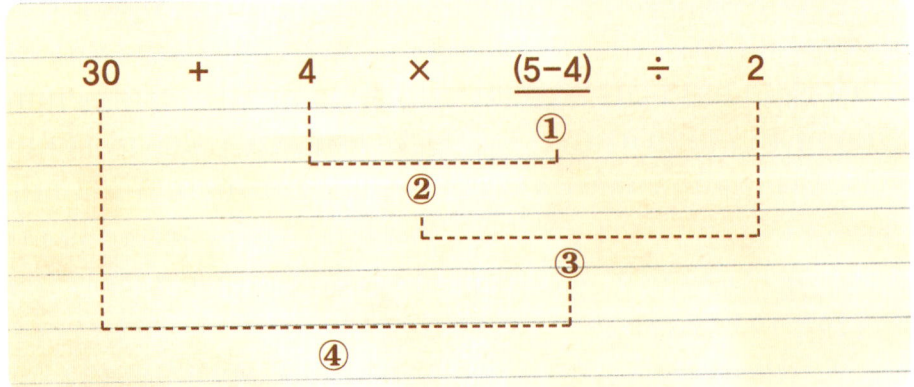

이처럼 사칙 연산을 푸는 세 가지 법칙을 알고 있으면, 계산식을 만들어 보라고 하는 서술형 문제는 누워서 떡 먹기예요.

자, 그럼 다시 처음으로 돌아가서 문제를 함께 풀어 볼까요.

답이 50이 되는 계산식을 만들어 보라고 했으니, 일단 뒤에 '=50'이라고 써 놓고 식을 만드는 것도 한 방법이에요.

이렇게 하면 시각적인 효과를 얻을 수 있기 때문에, 그냥 머릿속으로 식을 생각하는 것보다 좀 더 도움이 된답니다.

그럼 다음과 같은 계산식을 만들 수 있을 거예요.

① 60−10=50
② (20×2)+10=50
③ 20+(60÷2)=50
④ (5×20)÷2=50
⑤ (150÷5)+20=50

⑥ (60÷2)+20=50
⑦ 150−60−(20×2)=50
⑧ 150÷(60÷10÷2)=50
⑨ 150÷(60÷20)=50
⋮

문제에서처럼 몇 개 이상 계산식을 만들어 보라고 했을 때는 가능한 한 많은 계산식을 써 넣는 것이 좋아요. 이런 수학 서술형 문제의 경우 가장 많은 계산식을 쓴 학생이 가장 좋은 점수를 받기 마련이랍니다.

사회

서술형·논술형 시험에
강해지는 공부 비법

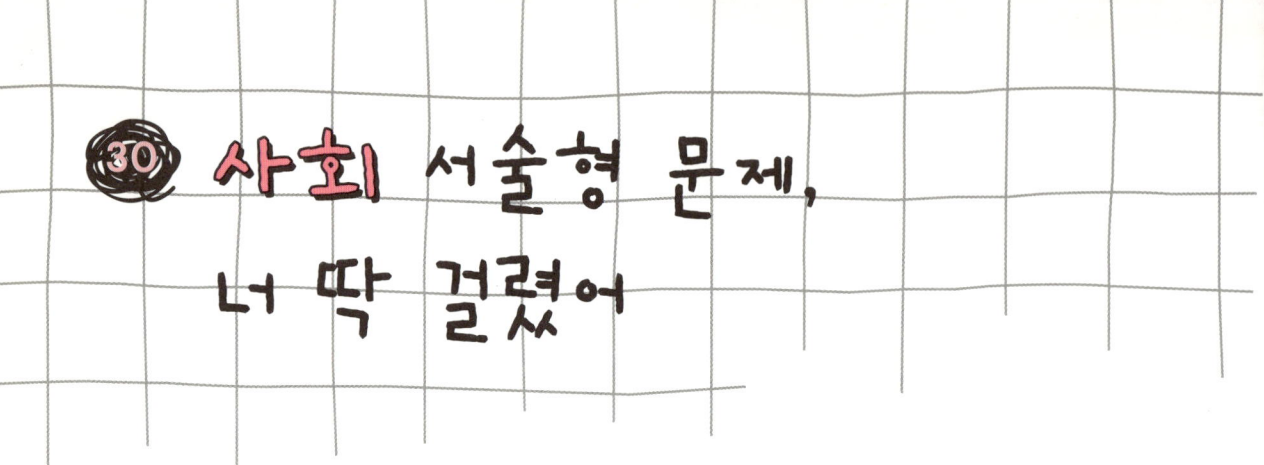

30 사회 서술형 문제, 너 딱 걸렸어

사회 서술형 시험을 잘 보려면 지도를 볼 줄 아는 능력을 길러야 해요. 왜냐고요?

지도를 보고 내용을 정리해 보라는 식의 문제가 많이 출제되기 때문이지요.

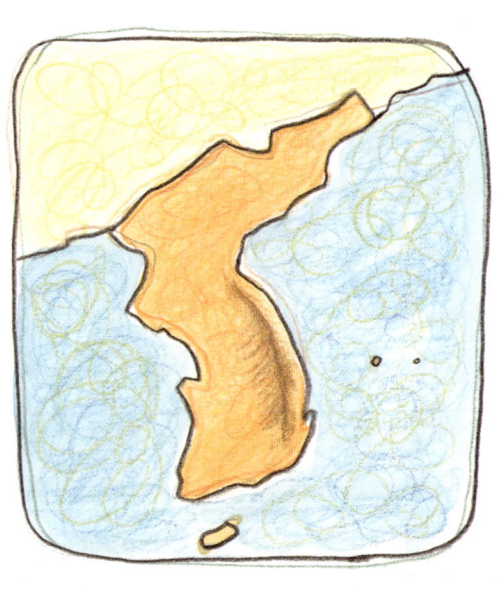

❓ 문제

① 우리나라의 인구는 대체로 국토 어느 쪽에 많이 분포하고 있는지 표시를 해 보시오.

② 위와 같이 답한 이유를 간단히 쓰시오.

우리나라 인구는 주로 국토 서쪽에 많이 분포하고 있어요. 그 이유는 무엇 때문일까요?

보기로 제시된 지도가 어떤 특징을 가지고 있는지를 잘 살펴보세요.

그렇죠! 보기의 지도는 유난히 산맥이 강조되어 있어요. 그렇다면 다음과 같이 답을 쓸 수 있을 거예요.

답 : 우리나라의 서쪽은 주로 땅의 높이가 낮은 편평한 지역이다. 반면에 동쪽은 높은 산이 있는 지역으로 고개가 많고 숲이 우거져 있다. 그렇기 때문에 국토 서쪽에 인구 분포가 더 많은 것이다.

사회 책에는 지도가 많이 나와요. 시험 보기 전에 이러한 지도를 글로 옮겨 보는 훈련을 많이 해 보세요.

예를 들어 '우리나라의 인구 분포도를 보여 주는 지도'를 공부한다고 생각해 보세요. 그럼 그 지도를 보면서 어느 곳에 인구가 많고 어느 곳에 인구가 적은지 등을 글로 옮겨 보는 것이지요.

이런 공부 습관은 여러분을 사회 서술형 시험을 잘 보는 학생으로 만들어 줄 겁니다.

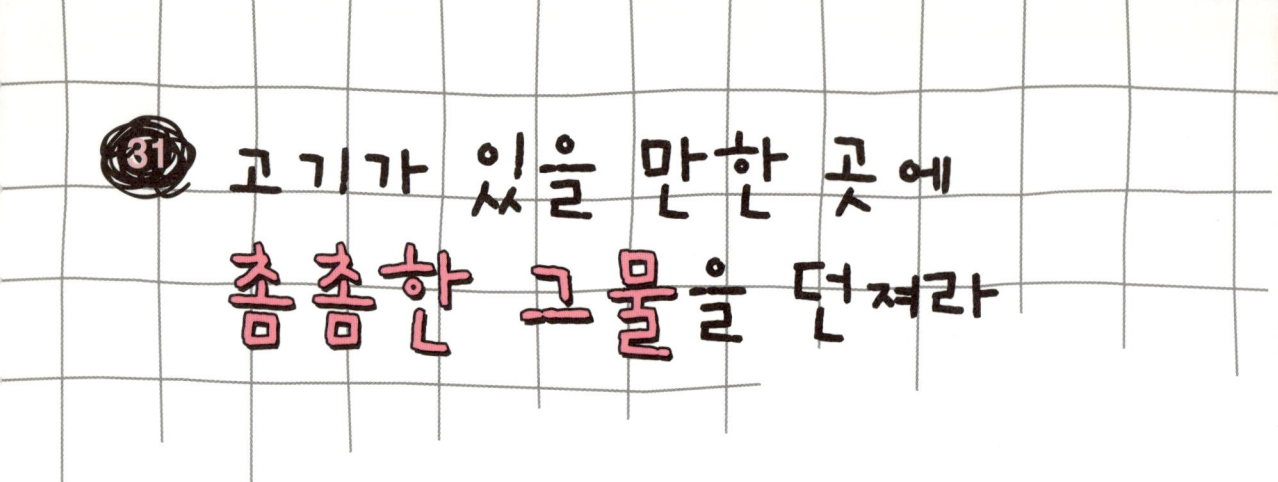
고기가 있을 만한 곳에 촘촘한 그물을 던져라

객관식 시험 공부 방법과 서술형 시험 공부 방법이 달라야 한다는 것은 두말할 필요도 없어요.

그럼 도대체 어떻게 공부 방법을 달리해야 할까요?

그물의 간격이 넓으면 큰 물고기는 잡을 수 있지만, 작은 물고기는 잡을 수 없어요. 이렇게 간격이 넓은 그물로 잡는 게 바로 객관식 시험을 볼 때의 공부 방법이에요. 객관식 시험을 볼 때는 큰 물고기만 잡고 작은 물고기는 놓아주는 방식으로 공부를 했어요. 예를 들어 병자호란에 대해 공부할 때, 예전에는 '병자호란이 일어난 때', '과정', '결과' 등의 사실을 잘 알고 있으면 어떤 문제든 쉽게 풀 수 있었지요.

하지만 이제 이런 옛날 공부 방법으로는 사회 서술형 시험을 잘 볼 수 없어요. 앞으로는 '병자호란'에 대해 공부할 때 다음과 같은 질문을 스스로 만들고, 그 답을 문장으로 정리해 봐야 해요.

> 병자호란이 일어나게 된 배경은 무엇인가?
> 병자호란 이후 정세는 어떻게 바뀌었는가?
> 이 사건이 우리 역사에 어떤 영향을 미쳤는가?

이것이 바로 사회 서술형 시험을 잘 보는 비법이랍니다. 즉, 병자호란에 대한 사실을 공부하는 것을 넘어, 병자호란에 대해 스스로 깊이 있게 생각해 보는 것이죠.

물론 교과서에 나오는 모든 내용을 이런 식으로 공부할 수는 없어요. 따라서 평소에 시험에 나올 만한 중요한 부분이나, 선생님이 중요하다고 강조해 주신 부분을 잘 알고 있어야 해요. 그리고 그 부분만큼은 꼭 위와 같은 방법으로 집중적으로 공부해야 합니다.

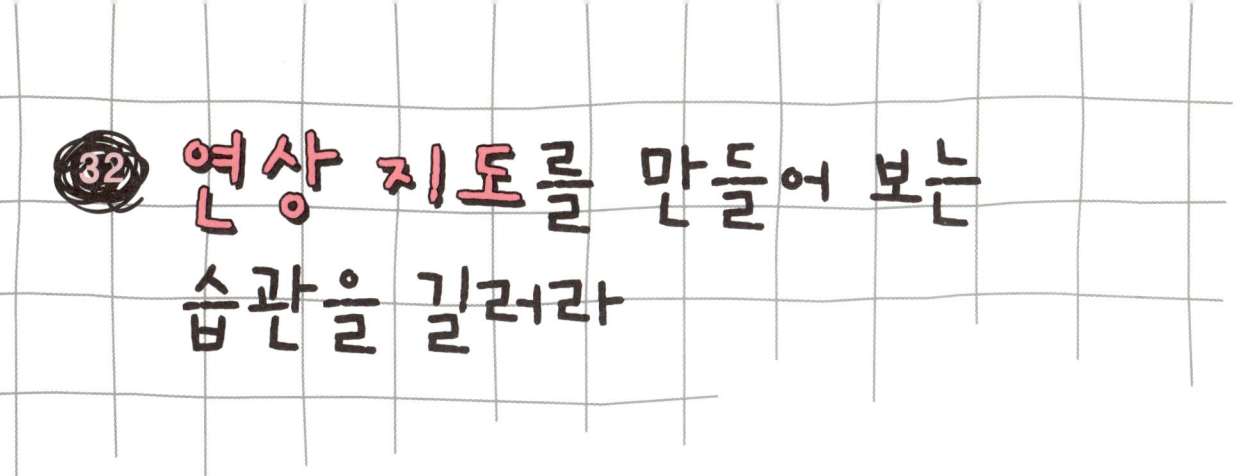

32 연상 지도를 만들어 보는 습관을 길러라

예전에는 다음과 같은 형식으로 사회 문제를 냈어요.

'마을 입구에 세워져 지역 안의 이정표, 경계표, 마을의 수호신 역할을 하였던 것은?'

이에 '장승'이라고 답을 쓰면 됐어요.

하지만 사회 서술형 문제는 이와는 완전히 반대예요.

다음 문제를 보세요.

문제: 다음 문화재 중에서 두 가지를 골라, 옛날 조상들이 어떻게 이용했는지를 쓰고 자랑할 만한 점은 무엇인지를 서술하시오.
(심화형)

기 와

고려청자

포석정

장 승

자격루

경주 첨성대

고려청자와 장승을 골랐다면 다음과 같이 쓸 수 있을 거예요.

 답

- **고려청자** : 고려 시대 귀족들의 장식품으로 이용되었다. 모양과 빛깔이 매우 아름다워 세계적으로 유명하다.
- **경주 첨성대** : 신라 시대 때 세운 천문 기상 관측대이다. 국보로 지정되어 있으며 동양에서 가장 오래된 천문대이다.

이와 같은 사회 서술형 문제에 답하기가 쉽지 않을 거예요. 하지만 서술형 주관식 문제는 위에서처럼 완벽한 문장으로 답을 해야 한답니다. 그만큼 사회 서술형 문제가 어려워진 거예요.

이렇게 어려워진 사회 서술형 시험을 잘 보려면 어떻게 해야 할까요? 중요한 내용에 대해서는 다음과 같이 '연상 지도'를 만들어 보는 것도 좋은 공부 방법이에요.

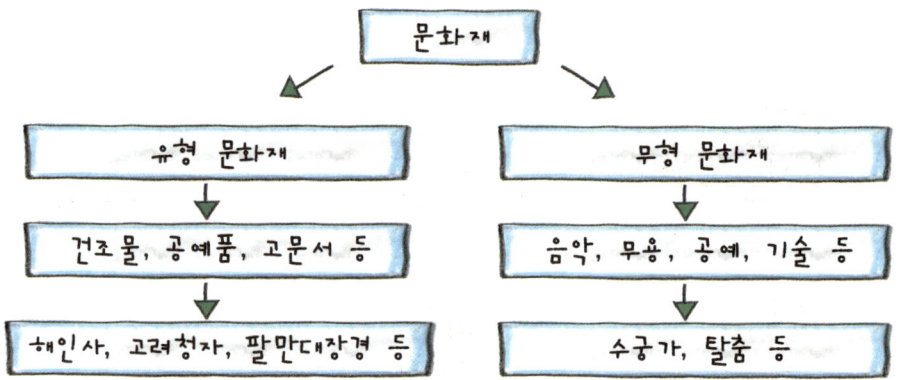

연상 지도를 만들어 보면 두 가지의 공부 효과를 얻을 수 있어요.

> ▸ 머릿속에 저장되어 있는 연관된 지식이 꼬리에 꼬리를 물고 떠오른다.
>
> ▸ 이를 눈으로 직접 확인함으로써 어떤 한 주제에 대해 여러 측면에서 생각해 볼 수 있다.

이 밖에도 이렇게 연상 지도를 만들어 보면, 내가 잘 알고 있는 것은 무엇이고, 잘 모르고 있는 부분은 무엇인지도 분명하게 알 수 있답니다.

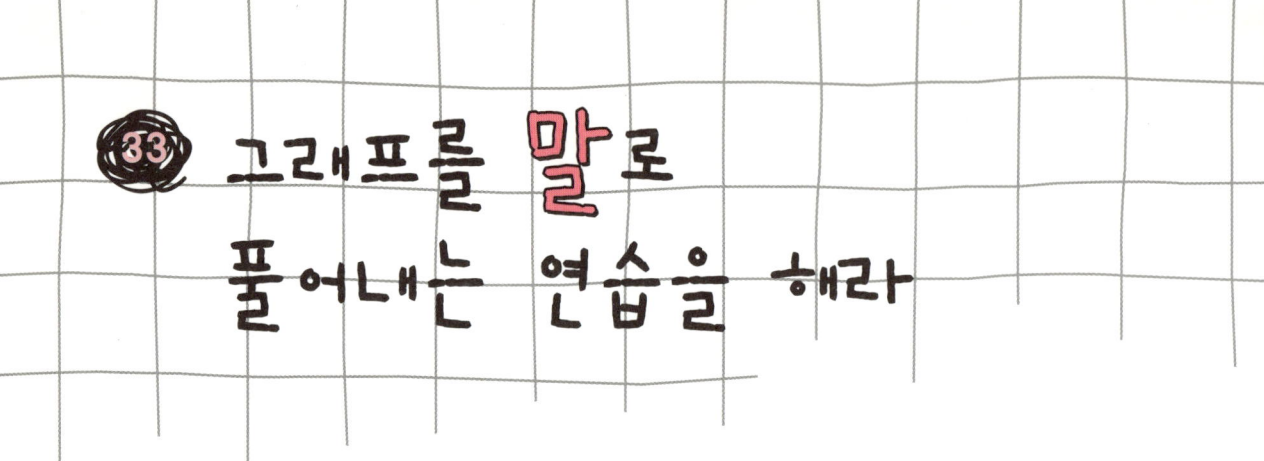

33 그래프를 말로 풀어내는 연습을 해라

　사회 서술형 시험에 강해지려면 지도, 그래프 등을 읽고 해석하는 능력을 길러야 해요. 지도나 그래프를 제시한 후에 그 내용을 해석하라는 식의 서술형 문제가 많이 출제되기 때문이지요.

　그래프는 어느 것이 가장 많고 적은지를 쉽게 알 수 있고, 변화하는 모습도 한눈에 알아볼 수 있다는 장점을 가지고 있어요.

문제 : 쓰레기 종량제를 실시한 이후 쓰레기 배출과 관련된 그래프를 보고 물음에 답하시오. (심화형)

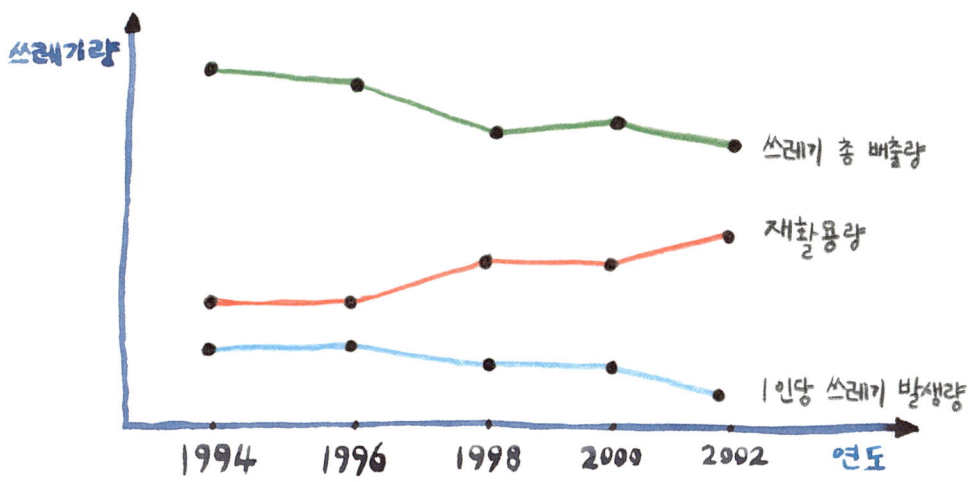

1 쓰레기 총 배출량은 점점 어떻게 되어 가고 있습니까?
2 그 이유가 무엇인지 쓰시오.

자, 그럼 위의 그래프는 어떻게 읽어야 할까요?

그래프를 읽는 방법

▶ **그래프의 높낮이 변화를 중심으로 읽는다.**

위의 문제에 제시된 그래프를 보면 '쓰레기 총 배출량'과 '1인당 쓰레기 발생량'을 나타내는 수치가 시간이 지날수록 점점 줄어드는 것을 알 수 있어요. 또 '재활용량'을 나타내는 수치는 시간이 지날수록 점점 늘어나는 것을 알 수 있지요.

▶ **그래프에 나타나 있는 수치를 서로 비교해 본다.**

한 그래프에 나타나 있는 수치는 서로 영향을 주고받아요. 즉, 한쪽 항목의 수치가 높아지면 그 영향을 받아 다른 항목의 수치가 줄어들기도 하지요. 이러한 관계를 생각하면서 그래프에 나타나 있는 수치들을 비교해 봐야 해요.

이 두 가지 방법만 알면 앞의 문제에 대한 답은 쉽게 쓸 수 있어요.

 답

1 쓰레기 총 배출량은 점점 줄어들고 있다.
2 1인당 쓰레기 발생량이 매년 줄어들고 있기 때문이다. 또 쓰레기를 재활용하는 사람들이 매년 늘어나고 있기 때문이다.

사회 서술형 시험에는 유독 이유나 원인을 묻는 문제가 많이 출제되고 있어요. 그런 문제에 답을 할 때는 '~ 때문이다.' 또는 '~이 원인이다.' 라는 식으로 문장을 끝맺는 것이 좋답니다.

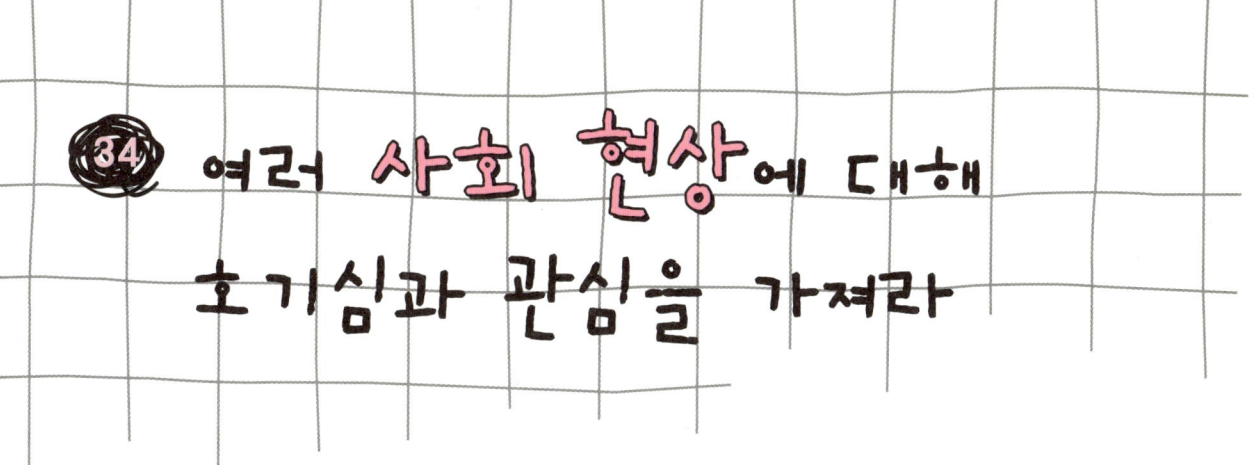

34 여러 사회 현상에 대해 호기심과 관심을 가져라

'왜 이러한 현상이 일어났을까?'

'이러한 사회 현상을 해결하려면 어떻게 해야 할까?'

사회 서술형 시험에는 유난히 이런 질문을 던지는 문제가 많아요. 이러한 사회 서술형 문제를 풀려면 어떻게 공부해야 할까요?

▶ **우리 주변에서 일어나는 다양한 사회 현상에 대하여 관심과 흥미를 가진다.**

그리고 '왜 이런 일들이 일어날까', '어떡하면 이 문제를 해결할 수 있을까?' 등을 나름대로 생각해 봐야 하지요.

▶ **여러 사회 문제에 대해 친구들과 함께 토론해 본다.**

친구들과 토론을 할 때는 "내 생각이 맞아!"라고 자기주장만 내세우는 것은 좋지 않아요. 그보다는 먼저 친구들의 의견을 잘 들어 보세요. 친구들의 의견을 듣다 보면 '아하! 내가 잘못 생각했구나.'라는 생각이들 때도 있을 거예요. 토론을 끝마칠 때는 여러 사람의 생각을 종합해서 가장 설득력 있는 의견을 받아들이는 게 중요해요.

이러한 훈련을 많이 해 본 사람은 다음과 같은 사회 서술형 문제도 잘 풀 수 있을 거예요.

문제 : 다음은 낙후된 탄광 지역으로, 발전시키기 위해 선정된 지역들입니다. 지역의 특성을 고려하여 고장 발전의 방법을 생각하여 쓰시오.

- 정선군   • 삼척시   • 영월군   • 태백시

정선군, 삼척시, 영월군, 태백시는 모두 강원도에 있어요. 강원도는 산이 많고 자연 경관이 아름답지요. 이런 점을 생각해 볼 때 다음과 같이 쓰면 좋은 답이에요.

답 : 이 지역들은 모두 자연 경관이 아름다운 강원도에 위치해 있다. 따라서 고장 발전을 위해 적극적으로 관광 사업을 하는 것이 가장 좋은 방법일 것이다.

여러 사회 현상에 대해 관심을 가지는 방법에는 여러 가지가 있어요. 어린이 신문의 사회면을 꼼꼼히 읽는 것도 좋은 방법이고, 텔레비전 뉴스를 보면서 부모님과 문제의 해결 방법을 함께 이야기해 보는 것도

좋은 공부 방법이지요. 또 평소에 역사, 지리, 경제 등 사회와 관련된 책을 꾸준히 읽는 것도 중요해요. 사회와 관련된 책을 많이 읽으면 사회 현상에 대해 좀 더 깊이 있는 생각을 할 수 있답니다.

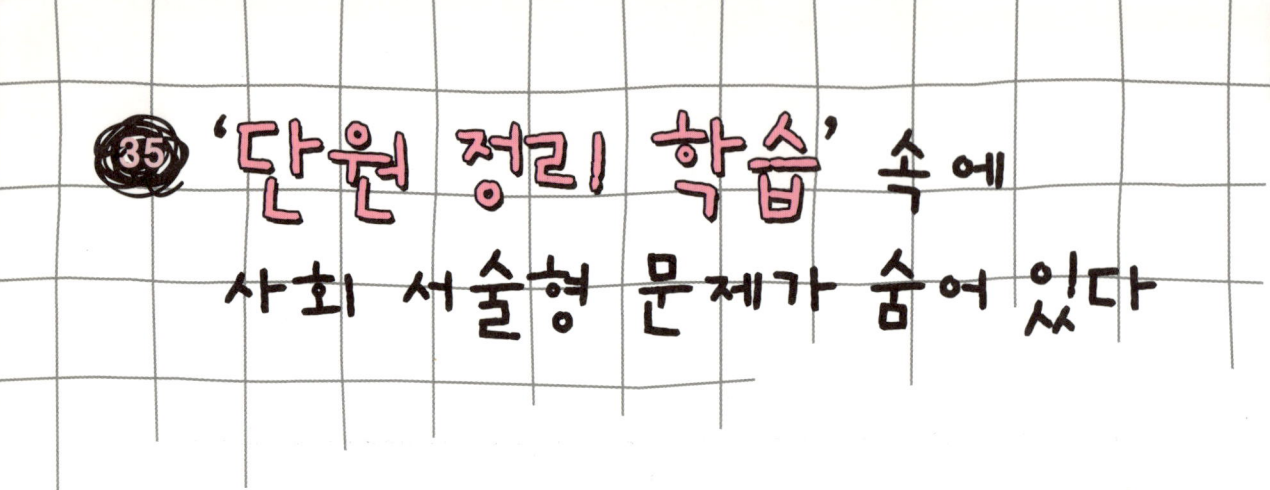

사회 서술형 문제에 강해지려면 꼭 공부해야 하는 내용이 있어요. 바로 단원 정리 학습입니다.

앞으로는 한 단원이 끝날 때마다 '선택 학습'과 '단원 정리 학습'을 전보다 더 신경 써서 공부하세요.

문제 : 다음 그림 지도를 보고 물음에 답하시오. (심화형)

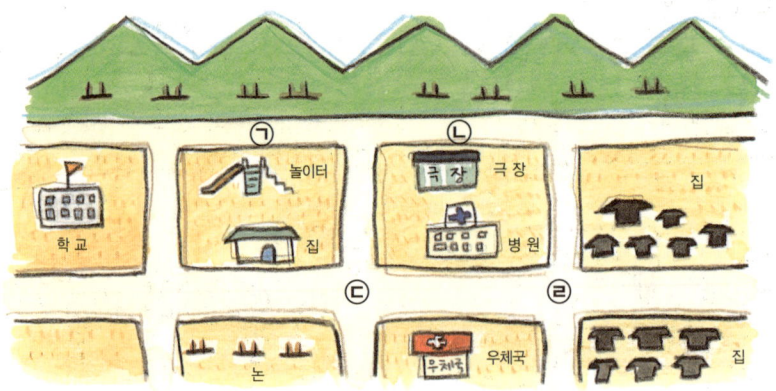

1 위 그림 지도에 나타난 고장에서 사람들이 가장 많이 이용하는 지하철역을 한 군데 건설하려고 할 때 어느 곳이 가장 적당한지 기

호를 쓰시오.

2 그렇게 생각한 까닭을 쓰시오.

우선 문제에 대한 답을 풀어 볼까요.

 답

1 ㄹ

2 첫째, ㄹ 지역은 인구 밀집 지역이다. 둘째, ㄹ 지역은 사거리여서 교통이 편리하다. 따라서 지하철에서 버스 등으로 갈아타기가 쉽다. 셋째, ㄹ 지역 주변에는 병원이나 우체국 등 편의 시설이 많다. 이러한 이유 때문에 ㄹ 지역에 지하철역을 건설해야 한다고 생각한다.

3학년 1학기 단원 정리 학습에서는 분단별로 그린 안내도에 그동안 조사한 내용을 간단히 표시하고, 사진을 붙이는 활동을 해요.

객관식 시험만 볼 때는 이러한 활동이 크게 중요하지 않았어요. 하지만 서술형 시험에서는 '안내도 그리기', '그림 지도 그리기' 등의 활동을 직접 해 보는 것이 매우 중요하답니다.

단원 정리 학습에서는 '그림 지도'와 '사진'을 비교해서 다른 점을 찾아보기도 하고, 그림 지도가 사진보다 더 편리하게 이용될 수 있는 경우를 적어 보는 등의 활동을 해요. '단원 정리 학습'을 평소에 착실하게 해 보는 것이 바로 사회 성적을 올리는 지름길이에요. 사회 서술형 문제는 '단원 정리 학습'을 응용해서 나오는 경우가 많답니다.

과학

서술형·논술형 시험에 강해지는 공부 비법

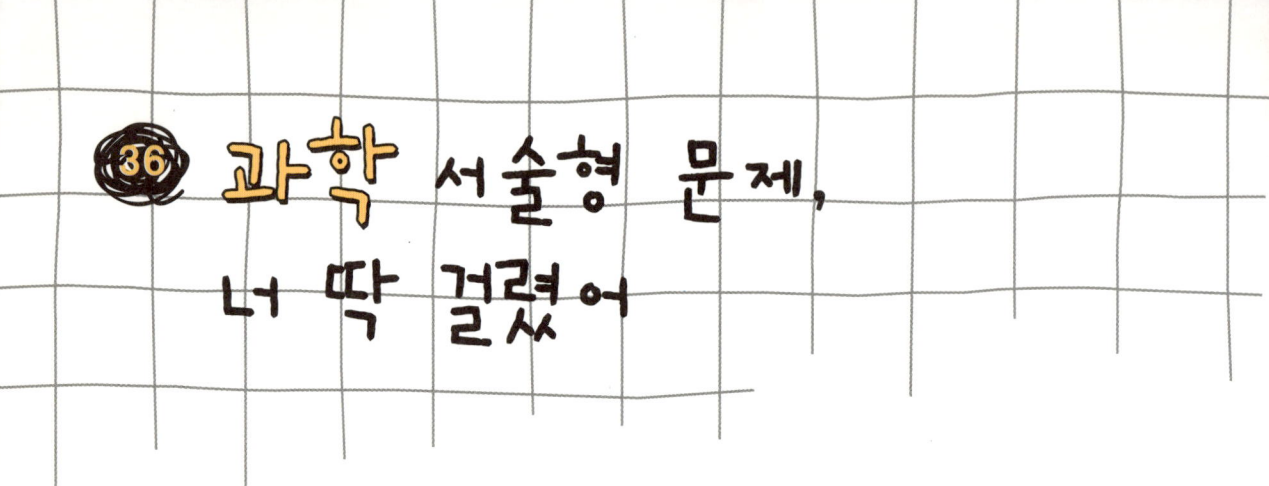

36 과학 서술형 문제, 너 딱 걸렸어

과학 서술형 시험을 잘 보려면 〈실험 관찰〉을 중심으로 공부해야 해요.

〈실험 관찰〉은 과학 교과서 학습 내용에 따라, 학생들의 과학적인 태도를 키우기 위한 보조 교과서예요. 지금까지는 〈실험 관찰〉보다는 교과서를 중심으로 과학 공부를 했을 거예요. 하지만 앞으로는 〈실험 관찰〉 기록란 및 그려 보기 등에 더 신경을 써야 한답니다.

4학년 2학기 과학 교과서에 '지층이 쌓이는 순서'라는 단원이 있어요. 이 단원에서는 실제 우리 생활과 연관 지은 문제가 자주 출제되고 있어요.

예를 들어 '샌드위치가 만들어지는 과정과 지층이 만들어지는 과정에서 같은 점과 다른 점을 간단히 써 보시오.'라는 문제가 출제되었다고 생각해 보세요. (이 문제는 〈실험 관찰〉에 나와 있는 문제입니다.)

답은 다음과 같이 쓸 수 있겠지요.

'샌드위치에서도 아래쪽에 있는 식빵이 먼저 쌓인 것이고, 지층에서도 아래층에 있는 것이 먼저 쌓인 것이라는 점에서 같다. 그러나 만들어지는 시간, 지층의 두께, 색깔, 단단함 등이 다르다.'

이처럼 과학에서는 얼마든지 우리 생활과 관련된 문제를 낼 수 있어요.
'지렛대의 원리가 작용하고 있는 우리 생활 주변의 물건을 아는 대로 쓰시오.'
'냉장고 문에 붙는 물건을 아는 대로 써 보시오.'
이와 같은 과학 서술형 문제를 잘 풀기 위해서는 〈실험 관찰〉 기록란에 그래프, 표, 실험 순서 등을 직접 그려 보고 써 보는 적극적인 자세가 필요하답니다.

과학 서술형 시험 공부법

▶ 실험 과정이나 결과를 문장으로 써 본다.

▶ 실험 과정이나 결과를 실생활과 연관시켜 생각해 본다.

▶ 객관적이고 명확한 답을 쓰는 습관을 들인다.

▶ 중요한 내용을 요약하고 정리해 두는 습관을 기른다.

37 분류하는 습관을 들여라

어린이들 중에는 장난감이나 책, 학용품 등을 잘 정리하는 어린이가 있는가 하면, 그냥 아무렇게나 어지럽게 늘어놓는 어린이도 있어요. 이 두 어린이 중에서 누가 과연 과학 서술형 시험을 잘 볼까요?

정리를 잘하는 어린이가 과학 서술형 시험을 잘 볼 확률이 높답니다.

문제: 다음에 제시된 동물들을 분류할 수 있는 기준을 말하고, 각 기준에 따라 동물들을 분류하여 보시오. (심화형)

• 침팬지 • 호랑이 • 앵무새 • 까치 • 게 • 거북 • 오징어 • 개구리

기준	기준 분류	동물 분류

어때요? 이 문제를 풀 수 있겠어요?

물론 과학을 잘하는 어린이들은 쉽게 풀 수 있겠지요. 하지만 대부분의 어린이들은 "아, 이런 문제를 어떻게 풀지?" 하고 머리를 설레설레 흔들고 있을 거예요.

이렇게 스스로 무엇을 나누어 보라는 식의 문제가 어렵게 느껴지는 이유는, 그동안 너무 객관식 문제에 익숙해져 있었기 때문이에요.

객관식 시험을 볼 때는 제시되어 있는 보기를 보고 수동적으로 답을 고르기만 하면 되었어요.

하지만 과학 서술형 시험에서는 이처럼 자신이 스스로 생각을 하지 않으면 풀 수 없는 문제가 많이 출제된답니다.

이런 과학 서술형 문제를 풀 때는 꼭 다음 두 가지를 기억해야 해요.

▶ **각 동물의 특징을 생각해 본다.**

'다리가 몇 개 있나?', '몸집은 얼마나 큰가?' 등 여러 각도에서 각 동물의 특징을 생각해 보세요. 그러다 보면 어떤 기준으로 분류를 해야 할지가 떠오른답니다.

▶ **동물들을 특징에 따라 나누어 본다.**

기준이 정해졌으면 비슷한 특징이 있는 동물들끼리 묶어 보세요.

 답

기준	기준 분류	동물 분류
몸을 덮고 있는 표면	털로 덮인 동물	침팬지, 호랑이
	깃털로 덮인 동물	앵무새, 까치
	딱딱한 껍데기로 덮인 동물	게, 거북
	피부가 미끈미끈한 동물	오징어, 개구리

 이러한 과학 서술형 문제를 잘 풀려면 평소에 무엇이든 분류해 보는 습관을 들이는 것도 좋은 방법이에요. 즉, 어떤 물체가 복잡하게 섞여 있을 때 스스로 일정한 기준을 세우고, 그 물체를 나누어 보세요.
 예를 들어 길을 가다 '벚꽃, 개나리, 무궁화, 민들레, 해바라기' 등의 꽃을 보았을 경우 그냥 지나치지 말고 이 꽃들을 '색깔별'로 나누어 보세요. 또 '꽃잎의 모양'에 따라 꽃을 분류해 볼 수도 있지요.

 과학 서술형 시험에서는 분류를 매우 중요하게 다루고 있어요. 특히 '동물의 암수', '섞여 있는 알갱이의 분류' 등에서는 분류를 직접 해 보라고 하는 문제가 항상 출제되고 있답니다.
 분류하는 연습을 할 때는 기준을 달리해서 여러 번 해 보는 것이 좋아요. 그런 연습을 많이 해 볼수록 과학 성적은 쑥쑥 올라간답니다.

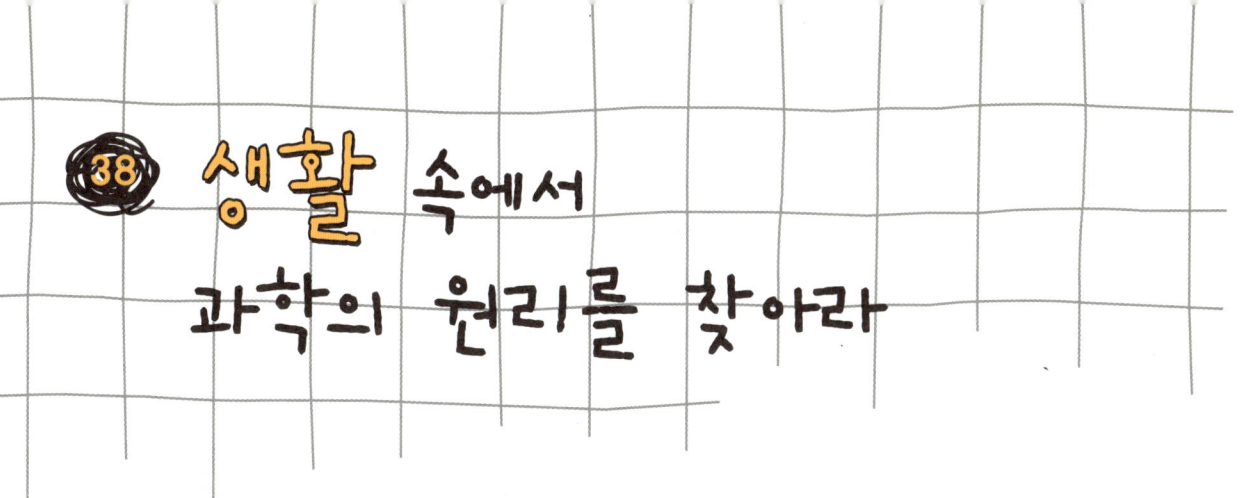

과학 서술형 시험을 잘 보려면 생활 속에서 과학의 원리가 어떻게 적용되는지 찾아보는 습관을 들여야 해요.

예전에는 학교에서 배운 과학의 원리만 알고 있으면 시험을 잘 볼 수 있었어요. 하지만 이제 그것만으로 부족해요.

바로 다음과 같은 서술형 문제가 출제되기 때문이지요.

문제 : 숟가락의 안쪽과 바깥쪽은 거울의 역할을 할 수 있습니다. 숟가락의 안쪽과 바깥쪽은 각각 어떤 거울의 역할을 하며, 비춰진 모습이 어떤 특징을 지녔는지 아래 빈칸에 쓰시오. (심화형)

숟가락	거울의 종류	비춰진 모습의 특징
숟가락의 안쪽		
숟가락의 바깥쪽		

이 서술형 문제는 5학년 때 배우는 '렌즈의 모양과 렌즈의 종류'에서 출제된 문제예요.

숟가락의 안쪽과 바깥쪽에 사물의 모습을 비춰 보지 않은 사람이 과연 이 문제를 풀 수 있을까요? 지금까지 숟가락에 얼굴을 비춰 본 적이 없다면 지금이라도 한번 해 보세요.

그럼 다음과 같은 답을 쓸 수 있을 거예요.

 답

숟가락	거울의 종류	비춰진 모습의 특징
숟가락의 안쪽	오목 거울	물체가 거꾸로 보인다.
숟가락의 바깥쪽	볼록 거울	물체가 실물보다 더 크게 보인다.

자, 이제 과학 서술형 시험을 잘 보려면 어떻게 공부해야 하는지 눈치 챘지요. 그래요. 학교에서 배운 과학의 원리가 실생활에 어떻게 적용되고 있는지를 직접 찾아보고, 경험해 봐야 하는 거예요.

우리 생활 속에는 수많은 과학의 원리가 숨겨져 있어요.

놀이동산에서 놀이 기구를 타 본 적이 있나요. 머리가 휙휙 휘날릴 정도로 빠르게 달리던 놀이 기구가 종착점 앞에서 순식간에 멈추는 원리는 뭘까요? 바로 자석의 원리 때문이에요. 종착점 가까이에 있는 레일은 자석으로 만들어져 있어요. 이 때문에 아무리 빠른 놀이 기구도 종착점 앞에서는 맥을 못 추고 멈추는 거랍니다.

우리 생활 주변에서 과학의 원리가 어떻게 적용되고 있는지 관심을 가지고 찾아보세요. 이것이 바로 과학 서술형 시험을 잘 보는 비법 중의 비법이랍니다.

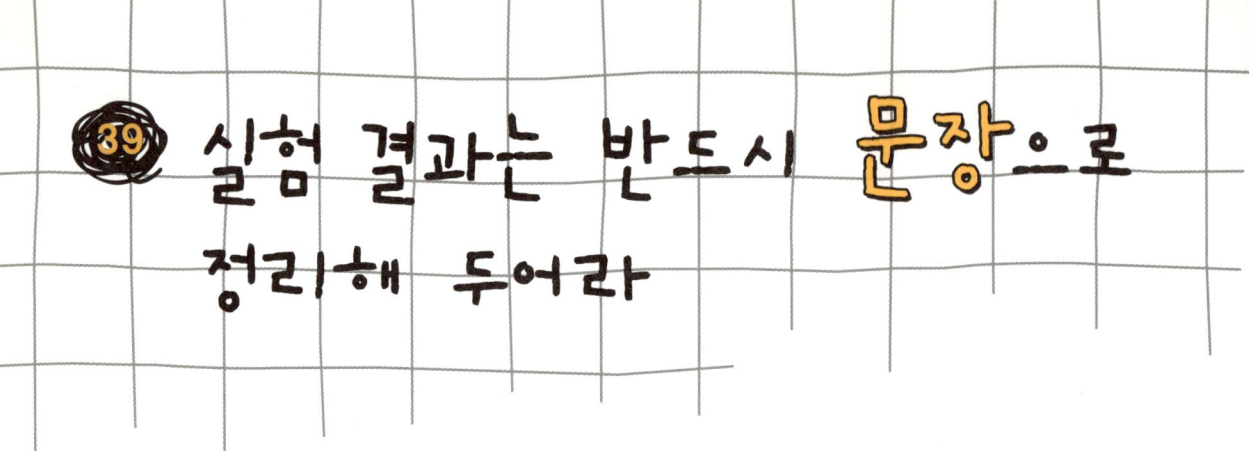

예전에는 과학과 쓰기는 별 관계가 없었어요. 하지만 이제 과학 서술형 시험을 잘 보려면 쓰기도 잘해야 해요.

다음 과학 서술형 문제를 보세요.

문제 : 다음 두 개의 그림에 나온 실험을 통해 우리가 알 수 있는 사실을 쓰시오. (심화형)

문제를 다시 한 번 확인해 보세요.

'~ 실험을 통해 우리가 알 수 있는 사실을 쓰시오.'라고 되어 있지요. 과학 서술형 시험 문제는 대개 다음과 같은 서술어로 끝을 맺어요.

~ 근거를 들어 설명하시오.
~ 그 이유를 쓰시오.
~ 알 수 있는 방법을 쓰시오.
~ 종류를 쓰시오.
~한 원리가 무엇인지 쓰시오.

자, 어때요? 이 정도만 봐도 과학 서술형 시험에서 쓰기가 얼마나 중요한지 쉽게 알 수 있지요. 즉, 답을 알고 있더라도 그 답을 완벽한 문장으로 쓰지 못하면 좋은 점수를 받을 수 없다는 말이에요.

따라서 앞으로는 실험 과정, 실험 결과, 과학의 원리, 실험 방법 등을 반드시 완벽한 문장으로 정리해 두는 습관을 들여야 해요.

앞의 문제의 답은 다음과 같이 쓰면 돼요.

 답

①번 페트병 속에 들어 있는 공기가 열을 받아 부피가 늘어나서 고무풍선 속을 가득 채웠기 때문에 고무풍선이 팽팽해졌다.
②번 페트병과 고무풍선 속에 들어 있던 공기의 온도가 내려가 부피

가 줄어들었기 때문에 고무풍선이 납작해지면서 푹 주저앉았다.

　이런 서술형 답은 누구나 쉽게 쓸 수 있는 게 아니에요. 답을 읽어 보면 "아하! 그렇지. 이렇게 쓰면 되잖아."라고 머리를 끄덕일 거예요. 하지만 여러분 스스로 위와 같은 문장을 쓰는 것은 결코 쉽지 않답니다. <mark>앞으로 과학 공부를 할 때는 공부한 내용을 반드시 문장으로 정리해 두세요.</mark> 과학 서술형 문제가 5~10개가 출제되었을 때, 실험의 결과를 문장으로 쓰라는 문제는 빠지지 않고 꼭 나온답니다.

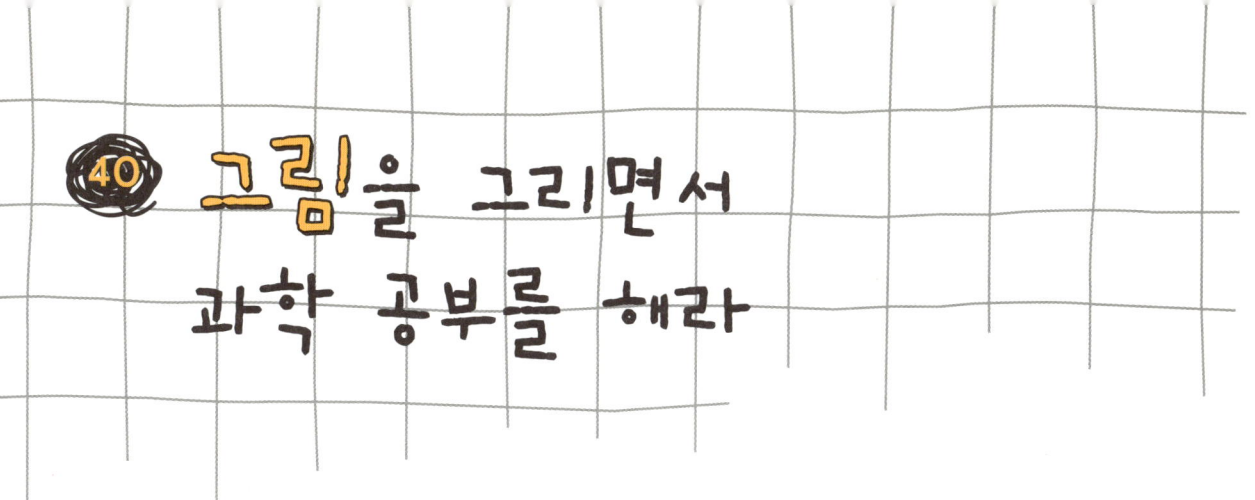

40 그림을 그리면서 과학 공부를 해라

 과학 공부에 그림이 중요하다고 하면 많은 어린이들이 "과학이 미술인가요? 왜 과학 공부를 하는데 그림이 중요해요?"라고 되물어요.
 물론 과학은 미술이 아니지요.
 하지만 미술 시간에 그림을 그릴 때를 한번 생각해 보세요. 해바라기를 그림으로 그려 보면, 해바라기의 모습이 머릿속에 더 또렷하게 남지 않던가요? 이처럼 그림을 그려 보면 사물의 특징 등을 좀 더 오래 기억할 수 있어요.
 다음 과학 서술형 문제를 보세요.

문제 : 소화 기관에서는 음식물이 소화되는 데 필요한 소화액이 나옵니다. 다음 그림을 보고 ㉠과 ㉡에서 나오는 소화액의 이름을 쓰시오. (기본형)

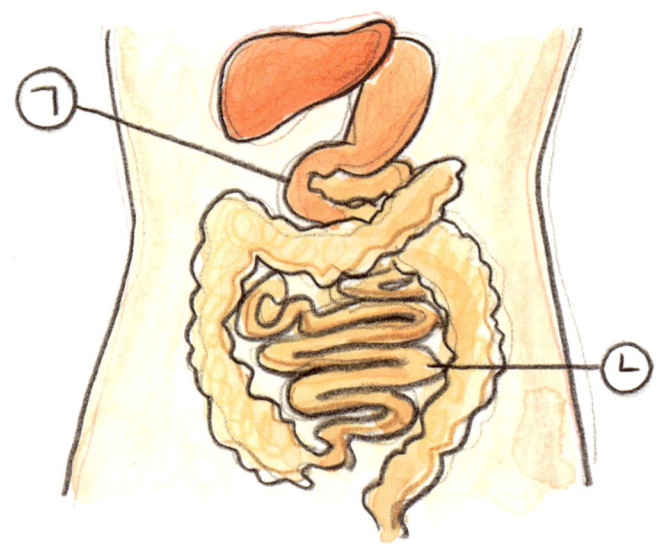

답 : ㉠ 이자액, ㉡ 창자액

물론 '십이지장-이자액', '작은창자-창자액'이라고 밑줄을 치고 달달 외우는 것도 시험에 대비하는 공부 방법이에요.
하지만 얼마 지나지 않아 금방 잊어버리고 말지요.
반면에 사람의 내장 기관을 직접 그려 보고 십이지장에 '이자액', 작은창자에 '창자액'이라고 써 보면, 내장 기관의 모양, 위치, 기능 등까지 덤으로 한꺼번에 알 수 있답니다.

==이처럼 그림을 그리면서 공부를 하면 훨씬 효과적으로 과학 공부를 할 수 있어요.==

서술형으로 답을 쓰는 일은 결코 쉬운 일이 아니에요. 우선 내용에 대해 명확하게 이해하고 있어야 답을 글로 쓸 수 있답니다.

이제부터는 스스로 직접 그림을 그려 보면서 과학 공부를 해 보세요. 그렇게 하면 어려운 내용도 훨씬 쉽게 이해할 수 있지요.

41 과학 서술형 답은 객관적이고 정확하게 써라

국어와 사회 서술형 답안에는 내가 생각하는 바를 글로 쓸 수 있어요. 문제에 '~에 대해 어떻게 생각하는지 쓰시오.'라는 조건이 붙기도 하지요.

하지만 과학 서술형 답안에는 자기 생각을 아무렇게나 쓰면 안 돼요. 과학 서술형 답안에는 객관적이고 정확한 답만 써야 한답니다. 예를 들어 볼게요.

문제 : 그림을 보고, 꽃이 왜 아침에 피었다가 저녁이 되면 오므라드는지 그 이유를 글로 쓰시오. (심화형)

자, 이 문제에 대한 답을 어느 학생이 다음과 같이 썼다고 생각해 봐요.

답 : 밤에 우리가 잠을 자는 것과 비슷하다고 생각한다. 꽃도 밤이 되면 잠을 자려고 오므라들고, 아침이 되면 일을 하려고 활짝 기지개를 켜는 것이다.

어때요? 답이 그럴듯하지요. 하지만 이런 답은 좋은 점수를 받을 수 없어요.
이 문제에 대한 답은 이렇게 써야 해요.

답 : 시간에 따라 꽃이 피고 지는 것은 햇빛 때문이다. 햇빛이 강하면 꽃의 안쪽 세포가 빠른 속도로 분열한다. 그래서 꽃이 바깥쪽으로 벌어지는 것이다. 반대로 햇빛이 약하면 꽃의 바깥쪽 세포가 분열한다. 이 때문에 저녁이 되면 꽃이 안쪽으로 오므라드는 것이다.

위의 두 답을 찬찬히 비교해 보고, 앞으로 과학 서술형 답을 쓸 때는 어떻게 써야 할지 생각해 보세요. 그래요! 과학 서술형 답은 내 생각을 쓰는 것이 아니라, 객관적이고 명확한 내용을 써야 하는 거예요.
자, 그럼 어떻게 공부해야 객관적이고 명확한 답을 쓸 수 있을까요?

객관적이고 명확한 답을 쓰기 위해서는 다음과 같이 공부해야 해요.

> ▶ 과학 교과서에 나오는 용어와 개념을 정확하게 이해하고 있어야 한다.

과학 교과서에는 '중량', '밀도', '수축', '혼합물' 등 어려운 용어들이 많이 나와요.

나만의 '과학 용어 사전'을 따로 만들어서 어려운 용어의 뜻을 적어 놓는 것도 좋은 과학 공부법입니다.

> ▶ 교과서에 나오는 실험 내용이나 실험 과정, 실험 결과 등을 정확하게 이해하고 있어야 한다.

대부분의 과학 서술형 문제는 결국 실험 내용 등을 묻는 문제예요. 따라서 직접 실험을 해 보고, 실험 내용 등을 문장으로 정리해 보는 것이 가장 효과적인 공부 방법입니다.

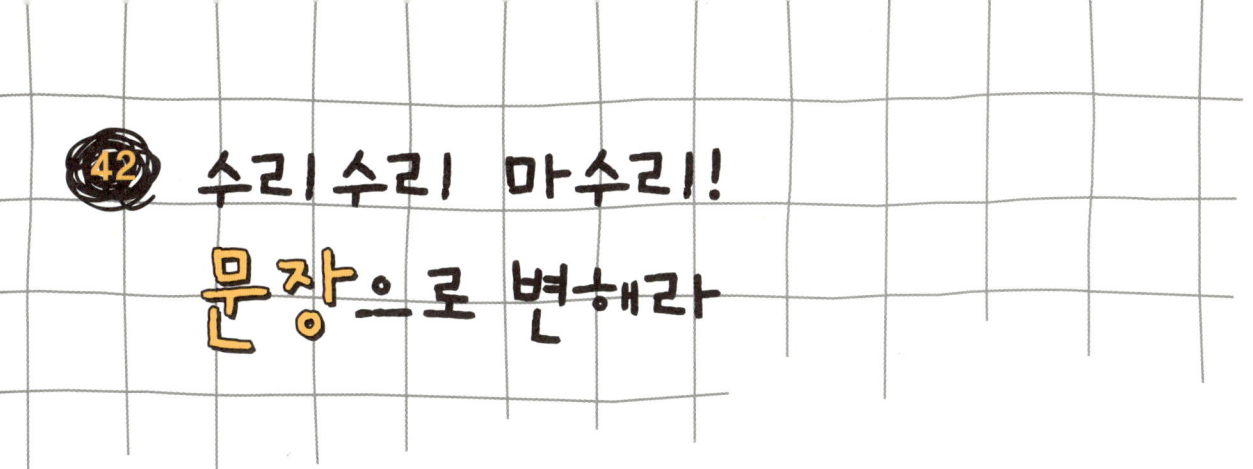

과학 책에는 유난히 표나 그래프가 많이 나와요. 왜 그럴까요?
바로 표나 그래프가 중요하기 때문이에요.
앞으로 과학 서술형 시험을 잘 보려면 표와 그래프를 보고 문장으로 바꿔 보는 훈련을 꾸준히 해야 한답니다.
다음 문제를 보세요.

 문제

시간(분)	2	4	6	8	10	12	14	16
흰색 천을 덮은 온도계	18.6	18.8	19.1	19.4	19.7	19.9	20.1	20.2
검은색 천을 덮은 온도계	18.6	19.2	19.8	20.4	21	21.6	22.2	22.8

위의 표는 겨울철에는 어떤 색의 옷을 입는 것이 몸을 더 따뜻하게 해 줄 수 있는지를 실험한 결과입니다. 물음에 답하시오.

1 어떤 색의 옷이 겨울에 더 따뜻할까요? (기본형)
2 그 이유를 쓰시오. (심화형)

이 문제의 답은 다음과 같이 쓸 수 있어요.

① 검은색으로 만든 옷
② 검은색 천은 흰색 천보다 빛에 의한 열을 잘 흡수한다. 그렇기 때문에 검은색 천으로 만든 옷이 몸을 더 따뜻하게 해 준다.

위와 같은 문제를 풀기 위해서는 다음과 같은 능력이 필요해요.

> ▶ 표, 그래프, 그림 속에 숨어 있는 정보를 읽는 능력
> ▶ 알아낸 정보를 문장으로 표현해 내는 능력

이 두 가지 능력만 있으면 위와 같은 과학 서술형 문제는 정말 식은 죽 먹기예요.

예를 한 가지만 더 들어 볼까요.

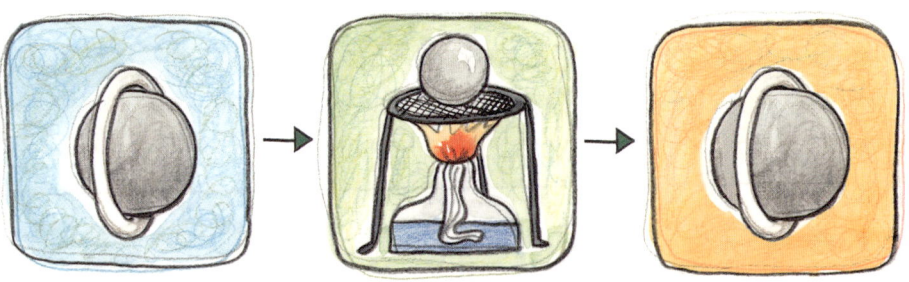

위의 그림은 무엇을 설명하기 위한 그림일까요? 위의 그림은 다음과 같은 문장으로 바꿀 수 있어요.

쇠구슬에 열을 가하면 쇠구슬은 쇠고리를 빠져나가지 못한다. 그 이유는 쇠구슬이 열을 받아 부피가 늘어나기 때문이다.

이와 같이 그림이나 표, 그래프 등을 보여 주고 '원인과 결과'를 문장으로 써 보라는 문제를 앞으로 자주 보게 될 거예요. 이런 유형의 문제를 빼놓고는 과학 서술형 시험을 볼 수 없을 정도로 아주 중요한 문제지요.

그렇다면 우리는 어떻게 여기에 대비해야 할까요?

방법은 딱 하나밖에 없어요. 과학 교과서에 나오는 표나 그래프, 그림 등을 문장으로 바꿔 보는 연습을 꾸준히 하는 거예요.

단 답을 쓸 때는 '그 이유는 ~ 때문이다.'라는 식으로 '원인과 결과'가 잘 드러나게 써야 한답니다.

서술형·논술형 시험
보기 전에 꼭 알아야 할

글쓰기 비법

43 논술형 공부 습관

▶ **스스로 생각해 볼 문제를 찾아보는 습관을 들인다.**

논술형 시험에 익숙해지려면 평소에 논술거리가 될 만한 주제를 생활 속에서 찾아보는 습관을 들여야 해요. '최근에 학교에서 일어난 일', '인터넷 게임의 장점과 단점', '수업 없는 토요일' 등 조금만 생각해 보면 우리 주변에는 논술에 쓸 만한 주제들이 얼마든지 있답니다.

▶ **주제는 구체적으로 정한다.**

주제는 구체적으로 정하는 것이 좋아요. '환경 문제'라는 식으로 주제를 너무 추상적으로 잡으면 좋은 글을 쓰기 힘들어요. 이보다는 '우리가 남기는 반찬이 음식 쓰레기가 된다.' 정도로 범위를 좁히면 문제 접근이나 해결 방법이 좀 더 쉽게 떠오른답니다.

▶ **찬성을 할 것인지 반대를 할 것인지를 정한다.**

논술을 쓰기 전에 먼저 어떤 시각으로 접근할 것인지를 정해야 해요. '네티즌 실명제'에 대해 논술을 쓰기로 했다고 생각해 보세요. 그럼 먼저 찬성을 할 것인지, 반대를 할 것인지를 정해야 해요.

▶ 생각에 살을 붙인다.

주제와 생각의 방향을 잡았다면, 이제부터는 자신의 주장에 근거가 될 만한 자료를 찾아야 해요. 관련된 책이나 신문, 인터넷 사이트 등에서 자료를 수집할 수 있어요. 논술 시험에서는 주어진 시간 안에 머릿속에 있는 지식을 가지고 문제 제기에서 해결 방법까지 써야 해요. 그렇기 때문에 평소에 다양한 자료를 접하고 필요한 정보를 선택하는 훈련이 반드시 필요하답니다.

▶ 글을 쓰면서 글을 읽어 보는 습관을 들인다.

많은 어린이들이 글을 쓰는 도중에 자기 글을 읽지 않아요. 이는 매우 잘못된 방법이랍니다. 글을 쓰는 도중에 글을 자꾸 읽어 봐야 해요. 그래야 글의 흐름을 정확히 알 수 있어요. 예를 들어 서론 부분을 다 썼으면, 서론을 찬찬히 읽어 보고 본론 부분을 계속 이어 써 보세요. 이렇게 하면 좀 더 짜임새 있는 글을 쓸 수 있답니다.

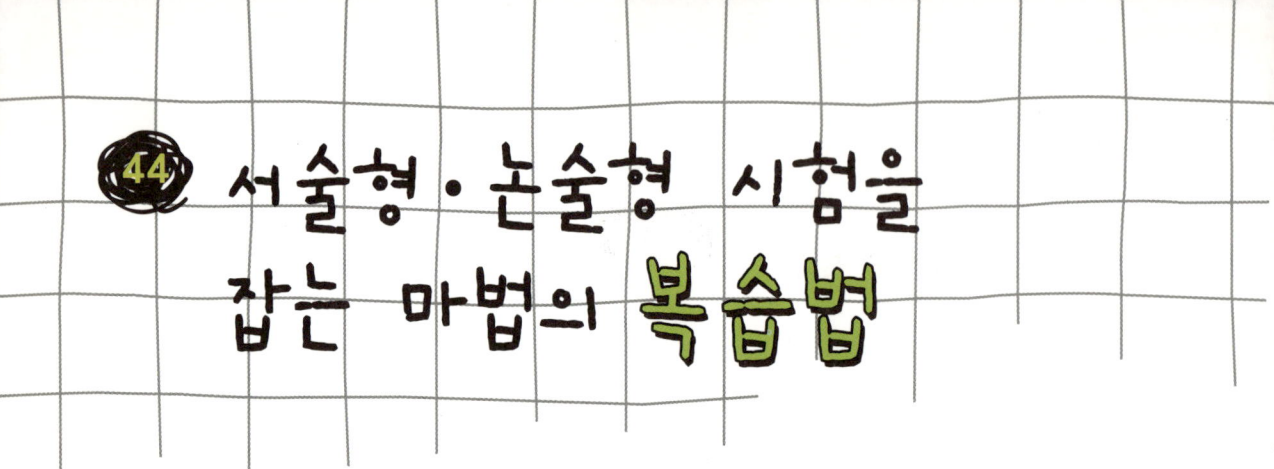

서술형·논술형 시험에 강해지는 마법의 복습법은 의외로 굉장히 간단해요. 오늘 학교에서 배운 내용을 집에 돌아와서 다시 한 번 내 힘으로 노트 정리를 해 보는 것이죠.

"에계, 그게 무슨 마법의 복습법이에요?" 하고 실망하는 어린이들도 있을 거예요.

하지만 일단 속는 셈 치고 일주일만 실천해 보세요. 그럼 왜 이 방법이 서술형·논술형 시험에 강해지는 마법의 복습법인지를 깨닫게 될 겁니다.

▶ 먼저 오늘 배운 내용을 학교 노트나 교과서를 보지 않고 내 힘만으로 새 노트에 똑같이 써 본다.

우선 무엇을 배웠는지 제목부터 시작해서 수업 시간에 배운 내용을 차근차근 쓰려고 노력해 보세요.

▶ 아무리 해도 생각나지 않는 부분은 학교 노트와 교과서를 본다.

혼자서 충분히 생각해 봤다면 이때 분명히 "아하! 그렇지."라는 말이

튀어나올 거예요. 스스로 생각해 보는 시간을 가지면 어려운 내용도 쉽게 이해가 되는 법입니다.

> ▶ **내가 쓴 내용 중에 잘못된 점이 있거나, 부족한 부분이 있으면 고쳐 쓴다.**

이때 완전한 문장으로 쓰는 습관을 들이세요.

> ▶ **더 알아야 할 내용은 없는지 생각해 본다.**

더 알아야 할 내용이 있을 때는 인터넷 등을 찾아 보충을 하세요.

이런 방법으로 복습을 하면 완전한 문장으로 답을 쓰는 능력을 기를 수 있어요. 또 서술형·논술형 시험에 꼭 필요한 종합적 사고력을 기를 수 있지요.

자, 이제부터는 마법의 복습법으로 서술형·논술형 시험에 대비해 보세요. 시험 방법이 달라지면 공부하는 방법도 함께 달라져야 한답니다.

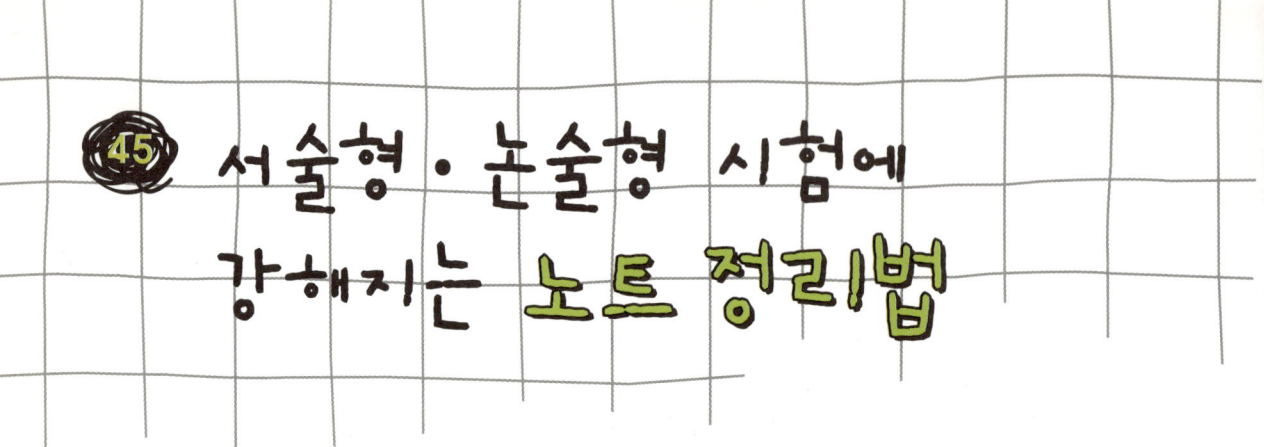

45 서술형·논술형 시험에 강해지는 노트 정리법

"노트가 뭐 필요 있어요? 교과서에 간단하게 적어 놓으면 되지요."

혹시 아직도 이런 생각을 하고 있는 어린이가 있나요? 서술형·논술형 시험에 강해지려면 노트가 필요 없다는 생각부터 버려야 해요.

매일 노트 필기를 하면 학습 내용을 깊이 있게 이해할 수 있을 뿐 아니라, 쓰기 능력을 키울 수 있어요. 쓰기 능력은 서술형·논술형 시험을 보는 데 있어서 없어서는 안 될 아주 중요한 능력이지요.

그렇다면 노트 정리는 어떻게 하는 것이 가장 효과적일까요?

서술형·논술형 시험에 대비한 노트 정리법

- ▶ 선생님의 말씀을 그대로 노트에 옮기려고 하지 말고, 이해를 하면서 노트 정리를 한다.
- ▶ 지금 배우는 내용이 어떤 의미인지, 앞에서 배운 것과 어떤 관계가 있는지를 생각하면서 쓴다.
- ▶ 모르는 것이 있으면 표시해 둔다.
- ▶ 핵심 내용과 관련이 없는 것은 생략하고 중요한 내용만 골라서 쓴다.

▶ 수업이 끝난 후에 다시 한 번 노트를 정리한다. 이때 불완전한 문장은 완전한 문장으로 고쳐 쓴다.

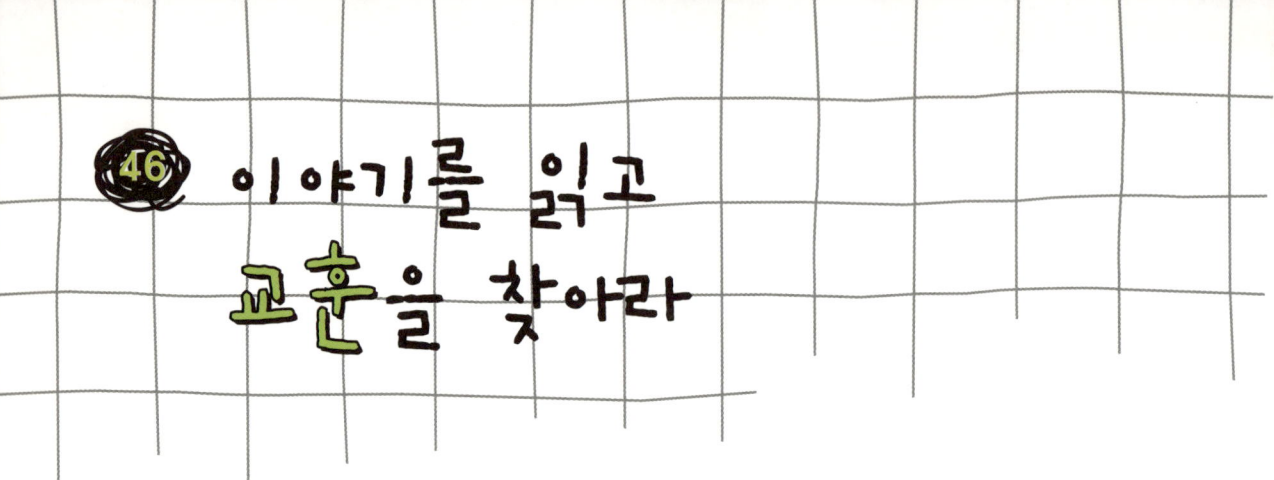

나폴레옹이 하루는 병사들이 근무를 잘 서고 있나 순찰을 돌고 있었어요. 병사들은 나폴레옹을 보자마자 경례를 붙였지요. 그런데 한 병사가 나폴레옹에게 총을 들이대고 이렇게 말하는 것이었어요.

"누구냐! 암구호를 대라."

"어, 수고한다. 나다. 사령관."

그러나 병사는 경계를 늦추지 않았어요.

"사령관님일지라도 암구호를 모르면 통과시킬 수 없습니다. 암구호를 대십시오."

보초를 서는 병사들은 암구호를 모르는 사람은 그가 누구든 안으로 들여보내서는 안 돼요. 나폴레옹은 병사가 자기 직무를 수행하는 태도에 깊은 감명을 받았어요.

이튿날, 나폴레옹은 부관을 불러서 그 병사를 한 계급 특진시켜 주라고 명령했어요.

그러나 부관은 이렇게 말하고 명령을 거절했어요.

"그 병사는 할 일을 했을 뿐입니다. 그런 규정이 없어서 특진을 시킬 수 없습니다."

나폴레옹은 규칙을 지키려는 부관의 태도를 보고 다시 한 번 감동을 받았어요.

논술을 잘하려면 ==이런 위인들의 일화나 우화에서 교훈이 될 만한 요소를 찾아내는 훈련을 꾸준히 해야 해요.== 이런 이야기에서는 인물들에게서 배울 점을 찾아보는 것이 좋아요.

이 이야기에 등장하는 인물들은 다음과 같은 장점을 가지고 있어요.

나폴레옹 ▸	사령관으로서의 권위를 함부로 행사하는 리더가 아니라는 점이 돋보인다.
병사 ▸	모든 사람에게 조금도 치우침이 없이 공정하게 자신의 일을 한다.
부관 ▸	규정에 어긋나는 일은 아무리 사령관의 명령이라도 따르지 않는 원리 원칙에 충실한 사람이다.

이처럼 이야기를 읽고 인생의 교훈이 될 만한 점을 찾아내는 훈련을 꾸준히 하면 논술을 쓰는 데 큰 도움이 된답니다.

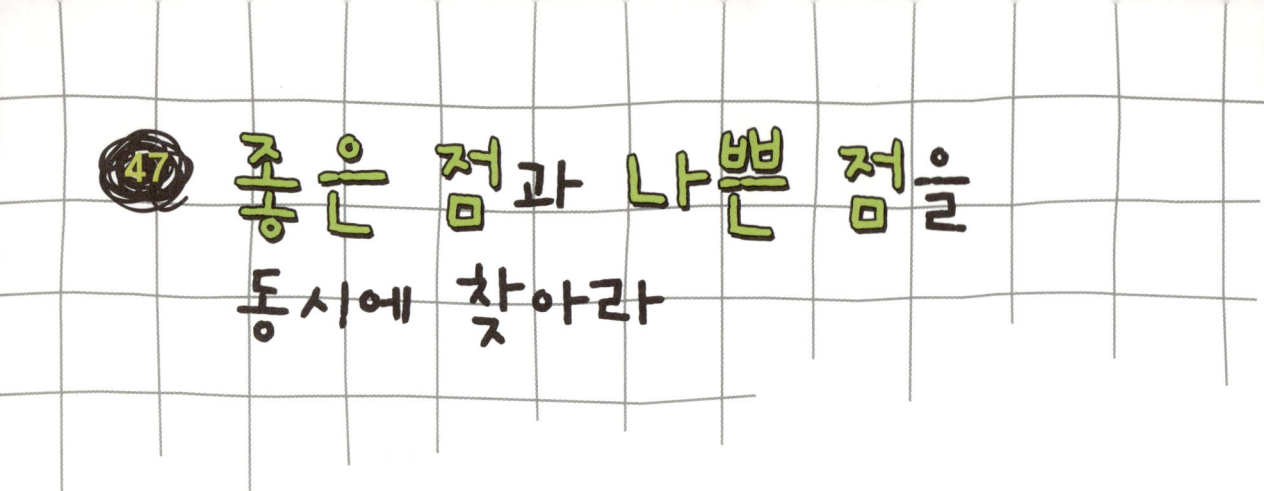
47 좋은 점과 나쁜 점을 동시에 찾아라

　어느 마을에 조그마한 상점을 경영하는 구두쇠 아저씨가 살고 있었어요. 그런데 그만 과로로 쓰러지고 말았어요. 어떻게 손을 써 볼 도리가 없어 그저 죽는 날만 기다리는 처지에 놓이고 말았지요.
　구두쇠 아저씨는 눈을 감은 채 겨우 숨을 쉬고 있었어요. 가족들은 모두 모여 앉아 구두쇠 아저씨의 얼굴을 들여다보고 있었지요.
　"여보, 거기 있소?"
　"네, 저 여기 있어요. 여보!"
　구두쇠 아저씨는 신음 소리를 내며 잠시 떴던 눈을 도로 감았어요.
　"아들아, 너도 있느냐?"
　"네, 저 여기 있습니다. 아버지!"
　아들의 눈에서는 눈물이 펑펑 쏟아졌어요.
　"그럼 딸도 여기 있느냐?"
　"네, 아버지."
　그러자 다 죽어 가던 사람이 갑자기 벌떡 일어나 큰 소리로 꾸짖는 것이었어요.
　"뭐야? 너희들이 다 여기 와 있으면 가게는 누가 본단 말이냐?"

어때요? 정말 구두쇠 중에 구두쇠지요? 죽는 순간까지 가게 걱정을 하다니 말이에요.

여러분이 이런 아버지를 모시고 있다면 어떤 기분이 들까요?

하지만 조금만 더 생각해 보면 구두쇠 아저씨에게도 좋은 점이 있다는 것을 알 수 있어요. 구두쇠 아저씨는 매우 부지런히 일을 했어요. 또 죽는 그 순간까지 자기 일에 충실했지요.

논술을 잘 쓰고 싶나요? 그러면 <mark>좋은 점과 나쁜 점을 동시에 볼 줄 아는 눈을 길러야 해요.</mark>

어떤 주제로 논술을 쓰든 좋은 점만을 강조한다거나, 반대로 나쁜 점만을 비판하는 것은 좋지 않답니다.

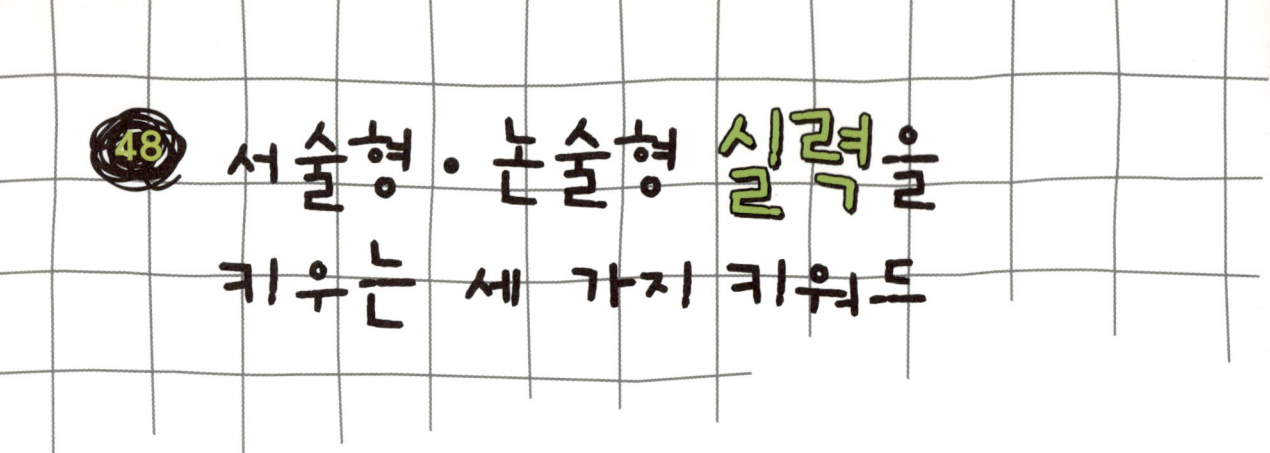

▶ 책과 친해져야 한다.

　서술형·논술형 시험을 잘 보려면 책을 읽어야 한다는 것을 모르는 어린이들은 아마 한 명도 없을 거예요. 하지만 어떻게 책을 읽어야 하는지를 아는 어린이들은 많지 않아요. 책을 읽는 방법은 많지만 가장 중요한 것은 '정확히' 읽는 거예요. 책을 많이 읽는 것보다 한 권이라도 정확하게 읽으려고 노력해 보세요.

▶ 토론을 많이 해 봐야 한다.

　친구들과 함께 책을 읽고 토론을 해 보는 습관을 길러 보세요. 토론을 해 보면 생각의 폭을 넓힐 수 있어요. 또 여러 사람의 입장을 이해하는 이해력도 생기지요. 시간이 나면 가족 간에 대화와 토론의 시간을 많이 가져 보세요. 일상생활 속에서의 토론은 논술적 사고를 기르는 데 큰 도움이 된답니다.

▶ 쓴 글을 다른 사람에게 보여 줘야 한다.

　평소에 쓴 글을 선생님이나 친구 또는 부모님에게 보여 주고 의견을 들어 보세요. 다른 사람의 의견을 받아들이고, 부족한 점을 고치는 습관을 들이면 글을 쓰는 능력이 몰라보게 좋아져요. 서술형·논술형 공부는 독불장군처럼 혼자 할 수 있는 게 아니에요. 이처럼 여러 사람들의 도움을 받으면서 함께 공부하는 것이 효과적이랍니다.

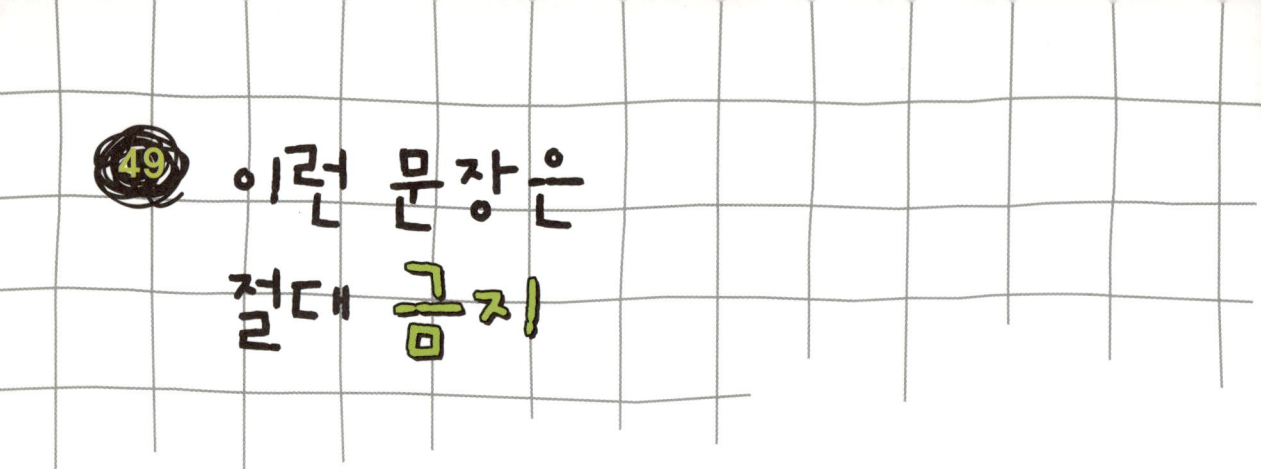

49 이런 문장은 절대 금지

▶ **말줄임표를 쓰지 말아라.**

서술형·논술형 답안을 쓸 때는 특별한 경우를 제외하고는 되도록 완결된 문장으로 써야 해요. 많은 어린이들이 문장을 끝맺을 때 말줄임표를 사용하는 경우가 있어요. 그러나 객관적이고 논리적인 글을 써야 하는 서술형·논술형 시험에서는 절대 말줄임표로 문장을 끝맺어서는 안 된답니다.

▶ **말하듯이 쓰면 안 된다.**

편지나 일기, 생활문 등의 글을 쓸 때는 상대방에게 말하듯이 써도 상관없어요. 그러나 서술형·논술형 시험을 볼 때는 '~ 했어요.'와 같이 말하는 듯한 문장을 써서는 안 돼요. 항상 간단 명료하게 '~다.'라고 문장을 끝맺어야 해요.

▶ **불필요한 말은 하지 말아야 한다.**

사람들이 평소에 대화를 하면서 '음……', '저기요', '에……', '그러니까요' 등의 불필요한 말을 해요. 대화에서 이러한 말을 사용하는 것은 사실 어쩔 수가 없어요. 대화 도중에 생각을 잠시 정리할 필요가 있거나, 마땅한 표현이 떠오르지 않을 때 이러한 말을 사용하여 잠시 말을 끊는 것은 아주 효과적이지요. 그러나 논술형·서술형 답안에 이런 불필요한 말을 쓰면 감점의 요인이 돼요.

▶ **낱말을 변형시키면 안 된다.**

컴퓨터나 휴대 전화로 글을 쓸 경우 낱말의 형태를 바꿔서 쓰는 경우가 많아요. 이 경우 대개 가볍고 부드러운 느낌의 낱말, 발음하기 쉬운 낱말을 쓰지요. 예를 들어 '근데', '어쩜', '보단' 등의 낱말을 많이 쓰는데, 이러한 낱말은 '그런데', '어쩌면', '보다는' 등으로 써야 옳아요. 원래의 낱말이 변형된 준말의 사용은 피해야 합니다.

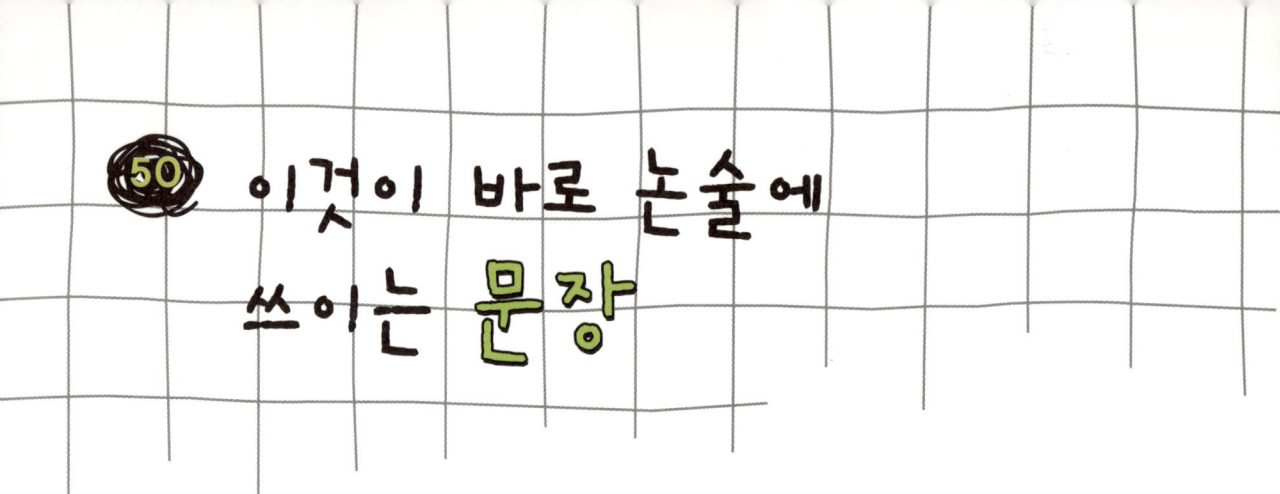

50 이것이 바로 논술에 쓰이는 문장

▶ **가능한 한 문장은 짧게 쓴다.**

　문장은 되도록 짧게 쓰는 것이 좋아요. 많은 어린이들이 문장을 길게 쓰는 이유는 그냥 입에서 나오는 대로 계속 글을 이어 쓰기 때문이에요. 말하는 것과 글을 쓰는 것은 달라요. 말은 그냥 생각나는 대로 쭉 해도 상관없지만, 글은 그렇지 않아요. 문장이 길어지면 잘못된 문장을 쓰는 경우가 많아요. 그렇기 때문에 논술을 쓸 때는 되도록 문장을 짧게 쓰는 게 좋답니다.

▶ **문장 끝을 딱 부러지게 끝맺는다.**

　논술의 문장은 끝이 확실해야 해요. '~ 해야 한다.'처럼 딱 부러지게 끝을 맺어야 하지요. 그런데 어린이들이 쓴 논술을 보면 흐지부지하게 문장을 끝맺는 경우가 많답니다. '~가 아닐까?', '~ 했으면 얼마나 좋을까?', '~라고 생각할 수도 있다.'라는 식으로 말이에요. 문장의 끝을 의문문, 감탄문 등으로 맺으면 안 된답니다.

▶ 주어와 서술어를 알맞게 이어 준다.

우리말은 주어를 맨 처음 쓰고, 다음에 목적어 또는 보어, 마지막에 서술어를 쓰도록 되어 있어요. '나는 피자를 먹었다.'에서 '나는'은 주어, '피자를'은 목적어, '먹었다'는 서술어지요. 이 순서를 어기고 '피자를 먹었다, 나는'과 같이 쓰면 안 된답니다. 또 우리말은 주어를 자주 생략하는 특징이 있어요. '(나는) 피자를 먹었다.'처럼 말이지요. 하지만 논술을 쓸 때는 가능하면 주어를 빠트리지 않고 쓰는 것이 좋답니다.

▶ 어울려 쓰는 말을 바로 알아서 쓴다.

정해진 어떤 특정한 말과 꼭 함께 붙어 다니는 것을 '어울려 쓰는 말'이라고 해요. '비록 ~하더라도', '여간 ~하지 않다.', '결코 ~하지 않을 것이다.', '전혀 ~ 않다.', '만약 ~한다면' 등 우리말에는 바늘과 실처럼 늘 함께 붙어 다니는 말들이 있답니다. 어울려 쓰는 말들을 이용해서 짧은 글짓기를 많이 해 보면 논술을 쓰는 데 많은 도움이 될 겁니다.

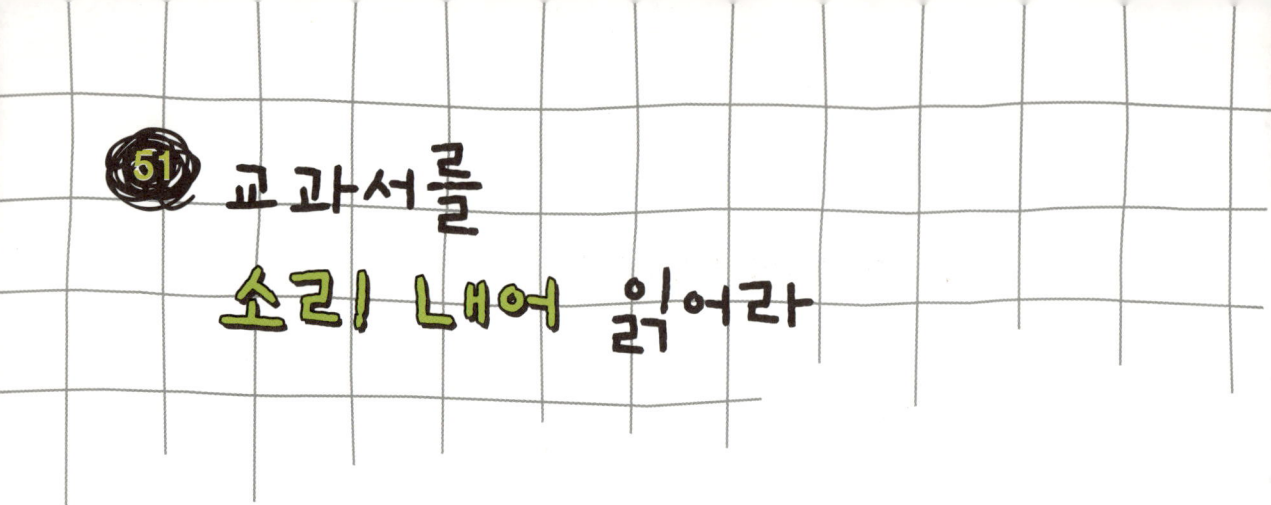

51 교과서를 소리 내어 읽어라

어느 날 공자의 제자가 공자를 찾아왔어요.
"선생님, 아무리 열심히 공부해도 선생님이 쓰신 이 책의 내용을 이해할 수 없습니다."
그러자 공자는 혀를 차며 말했어요.
"쯧쯧, 아직 공부하는 법도 모르고 있었느냐?"
"부끄럽습니다. 공부하는 법을 가르쳐 주십시오."
"그 책을 백 번만 큰 소리로 읽어 보아라. 그러면 누구나 저절로 그 뜻을 이해할 수 있을 것이다."

객관식 시험만 볼 때는 교과서 내용 중 시험에 가장 많이 나오는 부분을 중심으로 공부했어요. 하지만 서술형·논술형 시험에서는 어느 한 부분을 달달 외우는 식으로 공부해서는 좋은 성적을 기대할 수 없어요.
그렇다면 어떻게 공부 방법을 바꿔야 할까요?
한 마디로 딱 잘라 말해서 교과서 내용을 전체적으로 이해하고 있어야 해요. 그래야 서술형·논술형 문제에 적절한 답을 쓸 수 있답니다.

자, 그럼 어떻게 해야 교과서 내용을 전체적으로 이해할 수 있을까요? 교과서를 소리 내어 읽는 습관을 들여 보세요.

교과서를 술술 읽고 그 문장의 의미만 정확하게 이해하고 있으면, 어떤 서술형·논술형 문제도 두려울 것이 없답니다.

눈으로 책을 읽는 방법을 '묵독'이라고 하고, 소리를 내어 읽는 방법을 '음독'이라고 해요. 묵독을 하면 아무리 집중력이 좋아도 중간에 글자를 건너뛰고 읽게 돼요. 하지만 음독을 하면 글자를 건너뛰지 않지요. 그렇기 때문에 음독을 하면 자연스럽게 전체 내용의 흐름을 더 잘 이해할 수 있는 거랍니다.

그렇다고 교과서를 처음부터 끝까지 무작정 줄줄 읽는 건 좋은 음독 방법이 아니에요.

교과서를 음독할 때는 다음 세 가지에 주의해야 해요.

> ▶ **목소리의 크기를 조절한다.**

부드럽게 읽을 부분과 강하게 읽어야 할 부분을 나름대로 생각하면서 읽어요.

> ▶ **감정을 담아 읽는다.**

글의 내용이 심각할 때는 심각한 목소리로, 활기찬 내용일 때는 활기찬 목소리로 읽어요.

> ▶ **강조해서 읽을 부분과 그렇지 않은 부분을 구분해서 읽는다.**

강조해서 읽어야 하는 중요한 부분은 속도를 줄여서 천천히 음미해 가면서 읽고, 그렇지 않은 부분은 보통 속도로 읽어요.

음독을 할 때는 서두르면 안 돼요. 천천히 한 걸음씩 계단을 올라가듯이 해야 한답니다.

음독을 할 때는 먼저 글을 술술 읽는 것을 목표로 하세요. 이 단계가 가장 중요해요.

마침표, 한자, 어려운 문장 등에 상관없이 글을 술술 읽을 수 있을 정도로 교과서를 읽어 보세요. 그러고 나서 내용을 깊이 이해할 수 있을 때까지 몇 번이고 교과서를 읽으세요. 이렇게 하면 교과서 내용을 파악하는 능력이 크게 좋아질 겁니다.

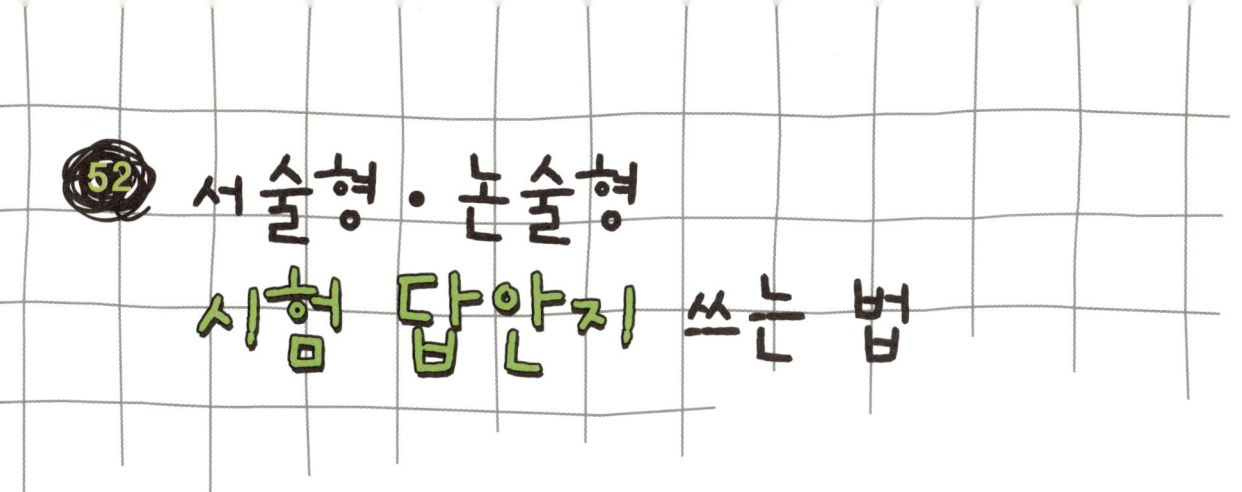

52 서술형·논술형 시험 답안지 쓰는 법

▶ **제일 먼저 문제의 의도를 파악한다.**

대부분의 어린이들이 서술형·논술형 시험에서 좋지 않은 점수를 받는 것은 문제의 의도를 잘못 알고 엉뚱한 답을 쓰기 때문이에요. 서술형·논술형 문제에는 '무엇을 어떻게 쓰라'는 조건이 반드시 주어지게 마련이에요. 답을 쓰기 전에 정신 차리고 문제부터 꼼꼼히 읽는 것이 중요해요.

▶ **선생님이 원하는 답의 형태를 파악한다.**

가끔 "서술형·논술형 시험에도 정답이 있나요?"라고 물어보는 어린이들이 있어요. 당연하지요. 어떤 서술형·논술형 문제든 선생님이 원하는 정답이 있어요.

'비교를 해서 써라.' '문제를 제기해 보라.' '실생활에서 볼 수 있는 예를 써라.' 등 문제를 잘 읽어 보면 선생님이 원하는 정답이 따로 있다는 걸 알 수 있어요. 선생님이 원하는 정답의 형태를 알아낸 후, 그것에 맞게 답을 써야 좋은 점수를 받을 수 있답니다.

▶ 원인과 결과가 분명한 문장으로 쓴다.

서술형·논술형 시험에서 답을 쓸 때는 원인과 결과가 분명한 문장으로 쓰는 게 좋아요. '어쨌든', '아무튼' 등의 표현은 쓰면 안 돼요. 은어나 속어, 채팅 용어 등도 절대 쓰면 안 돼요. '방가방가', '하이루', '추카추카' 등의 단어를 쓰면 내용이 아무리 좋아도 좋은 점수를 받을 수 없답니다.

▶ 맞춤법에 맞게 반듯한 글씨로 쓴다.

맞춤법이 틀린 답안을 읽고 좋은 점수를 주는 선생님이 과연 있을까요? 서술형·논술형 시험을 잘 보려면 맞춤법이 틀리면 안 돼요. 그리고 글씨를 괴발개발 쓰는 나쁜 버릇도 고쳐야 해요. 답안을 쓸 때는 한 글자씩 또박또박 쓰는 게 좋아요.

▶ 답을 다 쓴 후에는 문제를 다시 한 번 읽어 본다.

답을 다 쓰고 나서는 출제 의도를 올바르게 알고 썼는지를 다시 한 번 확인해 보는 게 중요해요. 그리고 조금이라도 틀린 부분이 있으면 반드시 고쳐야 해요. 서술형·논술형 시험은 몇 문제 되지 않기 때문에 한 문제라도 소홀하게 생각하면 안 된답니다.